KB188053

세상 속의 아버지 집

세상 속의 아버지 집

2024년 06월 24일 서울대교구 교회인가
2024년 10월 21일 초판 1쇄 발행

지은이 | 임근배
편집 | 이만옥·조용종
디자인 | 지화경
펴낸이 | 이문수
펴낸곳 | 바오출판사

등록 | 2004년 1월 9일 제313-2004-000004호
주소 | 고양시 일산동구 일산로205 204-402
전화 | 031)819-3283 / 문서전송 02)6455-3283
전자우편 | baobooks@naver.com

ⓒ 임근배, 한국가톨릭문화연구원, 2024

ISBN 978-89-91428-95-9   03230

세상 속의
아버지 집

한국적 정서에 기반한
가톨릭 건축의 실천과 모색

임근배 지음

한국가톨릭문화연구원 ❽

바오

사회 변화는 보통 내부에서 시작됩니다. 내부에서 축적된 변화의 욕구들로 더 이상 견디기 힘들 때 외부로 표출됩니다. 그리고 외부로 나타난 변화는 저항을 통해 순화되고 조정되어 사회의 제도로 자리 잡는 것이 일반적입니다. 그러나 꼭 그렇게 진행되는 것만은 아닙니다. 가끔은 변화를 희망하지만 그 욕구가 무르익기도 전에 피해갈 수 없는 외적 환경이 사회의 변화를 이끌어내기도 합니다. 전 세계를 휩쓸아쳤던 코로나 팬데믹이 바로 그러한 사례입니다.

우리는 이제 팬데믹 시대를 벗어나고 있습니다. 그동안 수많은 학자들이 예견했던 이른바 '뉴노멀'이라는 새로운 기준이 점차 자리를 잡아가고 있는 시점입니다. 문화는 항상 변화하고 있으며, 그 중심에는 현실에서 삶을 살아가는 우리가 있고 사회의 흐름이 있습니다. 그러므로 '뉴노멀'이라는 새로운 문화의 기준이 완전히 자리를 잡을 때까지는 많은 혼돈과 어려움이 있을 것으로 예상됩니다.

1985년 8월 김수환 추기경님의 후원으로 설립한 '한국가톨릭문화연구원'에서는 팬데믹으로 나타나는 변화의 방향을 가늠해 보고자 2020년 평화방송과 공동으로 〈팬데믹과 한국 가톨릭교회〉라는 주제로 심포지엄을 개최한 바 있습니다. 변화된 시대는 변화된 선교방식과 사목 패러다임을 요구합니다. 그리고 이를 위해서는 우리 삶의 모든 분야 곧, 삶의 실제적 상황에서 일어나는 시대적 징표를 제대로 읽어내야 합니다. 특히 교회의 입장에서는 시대적 징표를 살펴보고, 종합하여 하느님의 뜻을 찾아내는 일을 선도적으로 하여야 합니다. 그래야 바로 오늘에 적합한 신앙 실천의 방법론을 모색할 수 있고, 신자들은 그 실천으로 '지금 여기'에서 신앙인으로 성장할 수 있기 때문입니다. 이것이 바로 오늘날 절실한 '새로운 복음화'와 '새로운 사목'의 실천이며, 다르게 표현하면 '문화의 복음화'와 '문화사목'의 실천인 것입니다.

이러한 취지에서 앞으로 한국가톨릭문화연구원은 우리 사회에서 일어나는 다양한 사회 이슈와 문화 현상을 교회적 시각으로 해석하고 분석하여 신앙생활에 도움이 되고자 합니다. 물론 시중에는 신앙생활에 도움이 되는 교회서적이 적지 않습니다. 그러나 대부분 영성 관계 서적의 비중이 높은 반면 급변하는 일상 문화 안에서 생활하는 신앙인들에게 각각의 문화사회적 현상에 대한 신학적·윤리적 반성과 의미를 제공하는 서적은 그다지 많지 않습니다. 따라서 한국가톨릭문화연구원은 사제와 평신도, 수도자를 가리지 않고 우리 교회와 신앙인들에게 반드시 필요한 다양한 의견과 주장, 반성을 담은 소책자 시리즈를 꾸준히 간행할 예정입니다.

누구나 어려움에 처했을 때는 자신의 정체성에 대해 생각하기 마련입니다. 곧 가톨릭 신자, 혹은 이 시대를 살아가는 사람으로서 '나는 누구인가' 하는 점입니다. 또한 사회적 이슈에 대해 교회 정신에 입각한 성찰과 반성이 존재할 때 비로소 신앙 실천이 구체화될 수 있다고 봅니다. 아무쪼록 간행되는 소책자 시리즈가 여러분에게 신앙과 사회를 다시 생각해볼 수 있는 의미 있는 기회를 마련해주었으면 좋겠습니다.

2023년 5월
김민수 이냐시오 신부

내가 만난 건축가 임근배

건축가란 '건축의 계획을 세우고 설계하고, 감독하는 사람이다'
라고 일반적으로 정의하고 있다. 이는 곧 사용자의 요구사항을
건축 환경에 반영하는 사람이 건축가란 뜻이 될 수도 있다. 이런
의미에서 건축가 임근배는 우리 시대에 타고난 건축가이다.

그는 '여유 있고 너그러운 인품과 함께 탁월한 전문가로서 사
용자를 만나 성실하고 책임감이 강한 건축가'로서 자신의 소명
을 다하고 있는 건축가이기 때문이다. 그 자신이 어느 인터뷰에
서 "제가 좋아하는 건축보다 사용자가 좋아하고 사용자의 특성
에 맞는 게 좋은 건축이라고 생각하고 일한다"고 하였듯이 그는
철저하게 이 원칙을 따르는 건축가이다. 물론 이 말은 사용자의

요구사항을 건축 환경에 적극적으로 반영한다는 것이지 절대로 사용자의 요구에 끌려가거나 사용자 요구를 무조건 수용한다는 의미는 아닐 것이다.

나와 그는 어쩐 일인지 우연히 만나 30여 년 동안 큰일을 네 번이나 한 경험이 있다. 그 가운데 대표적인 건축으로 인천가톨릭대학교 송도캠퍼스 조형예술대학(2011년 인천시 건축상 장려상 수상작)을 함께 지은 경험이 있다. 물론 이 설계는 공정한 공모로 당선된 그의 작품이다.

세상에는 수많은 건축가가 있지만 그중에 그의 특성은 이 글의 앞머리에서 이미 밝힌 대로, 사용자 특성에 맞는 공간을 창출하기 위해 다른 건축가들이 옛날부터 지금까지 작업해온 많은 건축물을 살펴보고 자기 작업을 준비한다는 것이다. 철저한 현장 답사를 통해 그곳에서 생활할 사람들의 특성과 환경을 살펴보고, 거기에 자신의 체험을 녹여내고 확장하는 데에서부터 자신의 작업을 시작한다는 것이다. 이는 일반적 관례처럼 여길 수도 있지만, 건축을 대하는 그의 자세와 태도가 성실함과 겸손함에서 나온다는 것을 보여준다. 개성이 강한 중견 작가로서 또 예술가로서 자신이 지닌 개인적이고 독창적인 예술성과 그 수월성을 우선 누르고 작업에 임한다는 것은 그리 쉬운 일이 아니다.

그는 설계를 구체적으로 실행할 때마다 사용자들과 끊임없이 대화하고, 답을 찾을 때까지 고민에 고민을 거듭한다. 그렇게 집을 짓는 각기 다른 환경과 분위기를 가장 이상적으로 살리기 위해 끊임없이 연구하고 궁리하면서 해법을 찾아나간다. 이러한 태도는 뛰어난 능력과 오랜 경험을 통해 축적된 자신감에서 비롯된 것일 테지만, 그 밑바탕에는 겸손함과 열린 마음이 있다는 것을 이야기하지 않을 수 없다. 그가 설계한 인천가톨릭대학교 조형예술대학은 명품 미술대학 건물로 소문이 났는데, 필자가 10여 년 이상 직접 살아본 결과 그 소문이 그냥 나온 것이 아님을 몸소 체험할 수 있었다.

그의 건축관은 "나의 모든 건축은 '사람들의 꿈을 현실로 구현해주는 역할'에 충실하겠다는 결의가 우선이다"라고 스스로 밝힌 것에서 잘 알 수 있다. '건축의 근본이 사람을 위한 것'이 되어야 한다는 인본사상이 깊고 넓게 자리 잡고 있음을 엿볼 수 있다. 이러한 관점에서 비롯되는 그의 작업은 여러 형태로 나타나지만, 특히 한국 가톨릭교회와 관련된 작품에서 더욱 또렷하게 드러난다고 할 수 있다.

역사적인 순교자를 기리는 기념탑인 천주교 서울대교구 서소문 성지 순교 기념탑과 문화에 대한 연구와 생각을 나누는 장의 기능을 수행하는 토지문화관, 아프리카 예술과 문화를 보여주는 영월 아프리카 미술 박물관, 동문이 모여 교류하는 공간인 연세대학교 동문회관, 현대 조형예술의 종합실습장이 될 인천가톨릭대학교 조형예술대학 송도캠퍼스, 시니어와 수련 수녀들이 함께 살아가는 여주 수녀원, 한국 각 교구의 부속 기관과 성당 건축은 물론 열린 기도 명상 공간인 동검도 채플 등 그가 설계한 수많은 작품은 사람만이 아니라 하느님이 함께 계시는 공간으로서 기능적이면서도 상징적 영성을 드러내는 종교 건축으로서 빼어난 특성을 드러내고 있다.

특별히 그가 지향하는 현대 가톨릭 종교 건축이나 한국 가톨릭교회 건축의 지향점과 그 특성은, 결국 한국 문화 전통에 토착화된 그리스도교 건축이 되어야 한다는 것이 그의 지론이다. 이러한 그의 정신은 한국인의 정체성 혹은 문화의 정체성이 녹아 있는 건축물이 현대 한국 가톨릭교회의 건축이 되어야 한다는 것으로 이해할 수 있다. 이는 오늘날 우리 가톨릭교회가 지향하는 제2차 바티칸 공의회 정신과 정확히 부합한다고 할 수 있다. 한국인의 심성과 문화가 지향해온 종교적 특성을 찾아내어, 그것을 한국 가톨릭교회 건축에 시도하고 적용해온 것이 바로 그의 건축이기 때문이다.

아우구스띠노 수도회 연천 수도원 건축(제24회 가톨릭 미술상 건축 본상 수상)이 그 좋은 예라고 할 수 있다. 한국인의 생활 방식에 어울리는 '절집 같은 가톨릭 수도원'을 건축함으로써 가톨릭 신앙의 토착화라는 공의회의 이상을 구현하였던 것이다. 연천 수도원은 단순히 절집을 흉내 낸 것이 아닐뿐더러 적당히 혼합한 것도, 적당히 섞어놓은 것도 아닌 임근배의 건축 정신이 오롯이 배어 있는 임근배의 한국 가톨릭교회 건축인 것이다. 한국의 종교적·문화적 전통이 그 내면에 녹아들어 있는 세련된 현대 가톨릭교회의 건축물인 것이다.

물론 필자는 전문적인 건축비평가가 아니기에 그의 작품에 내재된 종교적 의미를 깊이 있게 분석·평가하는 데에는 역량의 한계가 있을 수밖에 없다. 그럼에도 불구하고 그와 맺은 인연으로 지금까지 그가 해온 작품과 또 미래에 있을 그의 작업에 대하여 주제넘은 제언을 하며 이 글을 마무리하고자 한다.

일반 건축물과 달리 종교건축은 초월자와의 관계성을 건축적으로 해석하는 것이 기본이 되어야 할 것이다. 때로는 일반적이고 보편적 가치와 논리를 뛰어넘어야 하는 것이 종교건축이기 때문이다. 빛과 공간의 문제는 물론 건축의 내외적 구조와 형태로 이뤄내야 할 초월적이고 내재적인 종교성은 신의 초월성이 내재된 건축물로 구현되어야 할 것이다. 종교적 가치를 재현하고 구축하는 일이, 작가의 관점에서는 때로 비생산적이고 비효율적인 공간 창출처럼 여겨질 수도 있다. 사실 경제적·제도적 제약을 비롯하여 종교 공동체와 작가 사이의 의견 대립이나 미적 견해의 차이 등 많은 어려움과 난관이 산재한 것이 한국 종교건축의 현실이다. 이런 환경 하에서 이루어지는 종교건축이 어쩌면 작가에게 가장 좋은 기회가 될 수 있을지 모르지만 대개의 경우에는 감당하기 힘든 어려움으로 다가오는 것이 현실이다.

이런 녹록지 않은 상황에도 불구하고 그와 함께 '그림건축'이 오늘날까지 버티어오고 이루어온 종교건축은 "한국 가톨릭건축의 기념비"라고 해도 조금의 부족함이 없을 것이다. 우리의 큰 희망과 작은 소망을 조금도 헛되이 여기지 않고 그 모든 걸 담아내어 집을 지은 그의 열정과 헌신, 그리고 깊은 신앙심은 세상에 널리 자랑할 만한 것이다. 그가 집을 지은 정신이, 그가 건축에서 추구하는 이상이 우리의 자랑인 것이다.

임근배 야고보, 우리 그리스도교 예술가는 많은 것을 포기하고 희생하면서, 때로는 참고 버텨냄으로써 그 영성과 생명의 싹을 트게 하고, 마른 땅에 생명의 샘을 솟게 하는 외로운 선구자요 파수꾼으로 불림을 받았기 때문이다.

삼가 임근배 건축가와 그림건축의 동지들에게 주님의 은혜와 축복이 언제나 함께하시길 빈다.

2024년 부활절
조광호 시몬 신부
(인천가톨릭대학교 조형예술대학 명예교수, 동검도 채플 주임)

세상 속의 아버지 집

예수 그리스도가 골고타에서 비극적인 죽음을 맞았을 때 세상
사람들은 이제 예수의 시대는 끝났다고 생각했을 것입니다. 그
렇지만 예수의 제자들과 그를 믿고 따랐던 추종자들은 '예수
교' 또는 '그리스도교'라는 종교를 만들고, 그 기치 아래 모여 부
활하고 승천하신 예수님이 이 땅에 다시 오실 것을 기다렸습니
다. 당시 막강한 권력을 자랑했던 로마제국은 군중을 선동하는
이 새로운 종교 단체를 인정하지 않고 모진 박해와 탄압을 일
삼았습니다. 300년이 넘는 긴 고난의 세월 동안 신자들은 신앙
을 버리지 않고 비밀리에 만나 서로를 격려하며 삶의 희망을 이
어나갔습니다. 그러다 313년 마침내 그리스도교가 공인되면서

신자들은 공개적인 장소에서 떳떳하게 그리스도에 대한 이야기할 수 있게 되었습니다. 갑자기 세상 밖에 나온 신자들에게는 함께 모일 수 있는 공간이 필요했습니다. 기존 건물을 교회로 고쳐 쓰고, 새로운 집을 지어서 하느님을 모셨습니다. 그렇게 2천 년을 지나는 동안 건축 기술의 발전과 사회의 변화에 따라 수많은 교회 건물이 지어졌고, 그 모습도 다양하게 변해왔습니다.

교회는 제2차 바티칸 공의회에서 새로운 신앙의 방향을 세웁니다. 전례상으로는 모국어 사용을 허락하고, 제대 위치를 바꾸는 큰 개혁이 이루어졌습니다. 라틴어로만 진행해야 했던 미사를 각자의 언어로 거행할 수 있게 된 것입니다. 또 사제와 신자들이 벽에 붙은 제대를 바라보고 미사를 드려야 했는데, 이제는 제대가 벽에서 떨어져 나와 사제와 신자들이 제대를 놓고 서로 마주보며 미사를 드릴 수 있게 된 것입니다.

이는 이전과 비교할 수 없을만큼 전례 분위기에 새로운 활력과 바람을 불어 일으켰습니다. 그리고 교회 건축에도 영향을 끼쳤습니다. 제대가 제단 가운데로 옮겨감에 따라 새롭고 다양한 형태의 제단이 쏟아져 나오는 계기가 되었습니다.

이전에는 보지 못했던 새로운 모습의 성당이 생겨나기 시작했습니다. 교회의 전통적인 규범을 지키면서도 이전과는 다른 형태의 교회 건축물이 등장한 것입니다. 때마침 교회 밖 건축

분야에서도 기존의 규범을 완전히 벗어나는 새로운 현대건축 운동이 활발하게 일어났습니다. 그런 운동의 대표적인 건축가가 르 코르뷔지에(Le Corbusier, 1887~1965)입니다. 그는 롱샹 순례자 성당(Notre-Dame du Haut, Ronchamp, 1954) 건축을 통해 기존에는 존재하지 않았던 새로운 모습의 성당을 보여주었습니다. 이를 기화로 많은 건축가들이 상상력을 발휘하며 교회건축에 뛰어들게 됩니다.

교회건축은 그 발전의 역사가 곧 서양건축사(西洋建築史)라고 할 수 있습니다. 교회는 일반 사회와 문화에 맞닿아 있을뿐더러 신자들의 삶에 깊이 뿌리 내리고 있습니다. 교회는 어느 시대든 가장 뛰어난 기술과 많은 비용을 들여, 헌신과 정성으로 건축되었습니다. 하느님의 집이라 여겼기 때문에 사람들은 성당을 거룩하고 경건한 곳으로 꾸미고 다듬어왔습니다.

신앙생활은 종종 항해나 행진으로 비유되기도 합니다. 한 자리에 머무르지 않고 늘 깨어서 하느님의 뜻을 헤아리며 하느님을 향하여 앞으로 나아간다는 의미이지요. 신앙의 목적지는 하나이지만 그 길은 수없이 많은 것처럼 성당의 존재 목적은 하나이지만 성당마다 각기 배경이 다르고 역사가 다르고 지향 또한 다양합니다.

우리는 세상에 태어나서부터 독립할 때까지 부모님의 집에서 자랍니다. 독립한다는 것은 부모의 슬하에서 벗어나는 것입니다. 나의 가정을 새로 꾸리는 것이기도 합니다. 배우자와 아이들을 키우며 살면서 때때로 부모님의 집에 찾아갑니다. 명절, 부모님 생신, 기쁜 일, 슬픈 일, 또는 힘든 일 등 인생에 크고 작은 일이 있을 때마다 부모님의 집을 찾아갑니다. 우리는 부모님의 집에서 평화로움과 행복함을 느낍니다. 그곳은 가족의 사랑이 늘 충만한 곳이며 세상에서 가장 포근하고 안전한 곳입니다. 그 안에서 우리는 평화와 행복을 얻습니다. 그래서 일이 있을 때마다 부모님의 집을 찾는 것 같습니다.

마찬가지로 하느님 아버지 집도 그렇습니다. 하느님 아버지의 자녀가 된 뒤로 늘 하느님 아버지 집에 찾아가 문안드리고, 일이 있을 때마다 찾아가 감사드리고, 어려움을 하소연합니다. 문제가 생기면 어찌할지 다 풀어놓고 해결을 청합니다. 인생사 모든 것을 풀어놓고 의지하고 매달립니다. 거기서 위안을 얻고 해답을 찾고 힘을 얻어 다시 이 세상에 뛰어듭니다. 하느님 아버지 집에서 우리는 평화와 행복을 느낍니다. 아버지의 집은 언제나 그렇습니다.

사람들은 이렇게 늘 아버지 하느님을 보고 싶어 합니다. 하느님은 이 세상 어디에도 계신다는데, 사람들은 광활한 세상에서는 하느님을 알아보기 어려워 성전이라는 한정된 공간을 만들어놓고 거기에서만 하느님을 만날 수 있다고 굳게 믿고 싶었던 게 아니었을까요? 그러고는 그 장소를 거룩하게 꾸미고 경건한 곳으로 만들기에 온갖 정성을 쏟아부음으로써 하느님에 대한 경외심과 사랑하고 믿고 따르는 마음을 드러내며 스스로 만족했던 게 아니었을까요?

저는 집을 설계하는 건축가입니다. 집을 짓게 되면, 그 집이 어떤 모습의 집이 되어야 하는지 찾아내기 위해 많은 준비를 합니다. 집 주인인 건축주의 요구를 만족시킬 수 있는지, 사용자의 바람을 충족시킬 수 있는지 건축에 대한 모든 것을 검토하고 고민하고 점검합니다. 아울러 설계 기간 내내 건축가인 저의 의도가 제대로 구현될 것인지도 끊임없이 점검하고 확인합니다. 그리고 궁극적으로는, 이 집을 사용할 사람들로 하여금 이 집을 통해 무엇을 느끼게 하고 싶은지를 고민합니다.

그렇지만 사용자가 건축가의 설계 의도를 온전하게 이해하거나 파악하는 것은 매우 어렵습니다. 그 집에 들어가서 살고 있다 하더라도 구체적인 설명이 없으면 그 뜻을 온전히 알기가 쉽지 않다는 것입니다. 따라서 건축가의 적당한 설명이 있으면 집에 대해 좀 더 많이 알 수 있을뿐더러 깊이 있는 이해도 가능합니다.

이 책에서는 필자가 설계한 교회 관련 건축을 네 개의 주제로 엮어 다양한 사례들을 소개하고자 합니다. 각각의 건축 사업의 배경, 설계 요구 사항, 설계 의도 등 설계와 공사에 뒤따른 이야기들을 함께 소개합니다.

먼저, 우리나라 천주교의 시작에서부터 정착 단계에 이르는 시기의 이야기를 담은 세상 속의 아버지 집을 살펴봅니다. 두 번째는 그 과정에서 큰 역할을 한 수도자들의 집인 수도원, 세 번째로 성령의 은사와 같이 다양한 하느님의 사업에 쓰이게 될 세상 속 아버지의 집, 그리고 마지막으로 큰 그림을 맞춰나가며 새로운 발전을 도모하거나 변화의 과정을 갖게 되는 교회의 집을 소개합니다. 어떻게 보면 우리 교회의 역사적 흐름이나 활동의 다양성에 초점을 맞춘 것으로 보이기도 할 것입니다.

이 책은 여기 수록된 우리 주변의 세상 속의 아버지 집을 찾는 독자 여러분께 그 집의 의의에 대한 이해를 돕기 위한 글로 알아주시면 감사하겠습니다. 부디 세상 속의 아버지 집에서 많은 위로와 크나큰 은총 듬뿍 받아 다시금 이 세상을 살아가는 데 힘이 되기를 바랍니다.

미사 때 사제가 소리 내어 읊는 감사송 중 하나입니다.

"아버지께는 저희의 찬미가 필요하지 않으나 저희가 감사를 드림은 아버지의 은사이옵니다. 저희 찬미가 아버지께는 아무런 보탬이 되지 않으나 저희에게는 주 그리스도를 통한 구원에 도움이 되나이다."

사실 하느님은 우리의 찬미가 필요하지 않으십니다. 하느님

18

의 손길이 필요한 것은 우리 자신입니다. 교회도 성전도 하느님께 필요한 것이 아니고 우리에게 필요한 것입니다.

성전은 거룩하고 경건한 곳입니다. 하느님께서 관여하신다면 말입니다. 사람이 만든 곳이지만 그 의의가 살아 있고 계속적으로 경건하게 여기고 다룬다면 그 공간은 거룩하게 될 것입니다. 하느님께서는 "내 이름으로 모인 곳에는 나도 함께 있다"^{(마}태 18,20 참조) 하셨습니다. 그러기에 우리가 성심껏 하느님을 만나고 싶어 하면 하느님은 언제나 그 자리에 계실 것입니다.

건축가 임근배 야고보

차례

한국 천주교의 특별한 시작

우리나라의 천주교는 시작부터가 남다릅니다. 선교사의 전교가 아닌 우리가 먼저 찾아 받아들였다는 것입니다. 이런 경우는 세계적으로 역사적으로 유일합니다. 선교사의 안내와 가르침을 통하지 않고 천주교 관련 서적을 통해 알게 된 교리에 흠뻑 매료된 학자들이 교리를 실천하고 연구하여 더 깊은 내용을 찾고자 먼저 다가가서 배우고 따르기 시작했다고 합니다.

이런 적극적이고 체계적인 신앙 공동체로서의 자세와 의욕은 당시 조선의 기득권 세력과 충돌하면서 많은 희생을 치러야 했습니다. 길고 지난한 박해 시기를 거치고 정치적·사회적 변화에 휘둘리면서도 굳건하게 신앙을 지켰습니다. 그 결과 수많은 순교자가 나왔고, 천주교는 그런 아픔을 딛고 이 땅에 자리를 잡았습니다.

전래 시기에는 교회 건축이라는 개념이 없었습니다. 박해를 피해다니다 보니 조그마한 오두막집에서 시렁으로 꾸민 제대에 십자고상(十字苦像)을 모셔놓고 남녀 교우들이 비좁게 들어앉아 미사를 봉헌하였습니다. 그러다 보니 1892년 우리나라에 최초로 약현성당(藥峴聖堂, 현 중림동성당)이 세워질 때까지는 이렇다 할 교회 건축물이 없었습니다.

그렇다고 우리의 신앙이 없었는가 하면 그렇지 않습니다. 신자들을 잘 돌볼 수 있는 교회 체계는 물론 우리말로 번역한 성서, 턱 없이 부족한 사제 수, 하느님께 의탁할 수 있는 성당이 없어도 신앙 선조들의 영성은 순교를 감수할 정도로 풍요로웠습니다. 그분들의 신앙에 비추어 오늘을 사는 우리는 스스로가 부끄럽기만 하지만 한편으로 그분들의 삶은 한국 가톨릭의 자랑이며, 우리 신앙의 원천이 되었습니다. 이제 교세가 성장하고 한국 가톨릭 신자들의 '경험과 기억' 속에서 중요한 사건들을 찾아내어 신앙을 더욱 돈독히 하려는 사업이 진행되었고, 이는 성지 개발로 나타나게 되었습니다.

역사적이고 기념적인 곳을 건축으로 표현하는 것은 쉬운 일이 아닙니다. 추상적인 일과 사건, 그리고 그 안의 인물의 배경과 업적을 구체적인 재료와 물리적인 방식으로 표현해야 하기 때문입니다. 건축의 구현에는 고려해야 하는 여러 요소가 있습니다. 예컨대, 기능, 아름다움, 내구성, 관리의 용이성 등 많은 것을 고려해야 합니다. 어떤 성격의 집을 짓느냐에 따라 어떤 요소는 부각하고 또 어떤 것은 무시해야 합니다. 이런 역사적이고 영성적인 기념 건축은 건축의 목적상 상징성이 우선적인 고려 요소가 되어야 할 것입니다. 그래서 전하고 싶은 메시지를 효율적으로 전하고 순례객들을 감동시키는 데에 초점을 맞추는 것이 좋겠지요. 메시지를 제대로 전달하기 위해서는 건축 전체 또는 일부 형태를 상징적으로 디자인하는 것이 필요합니다. 그래야 순례객들이 이 모습을 보고 그 건축의 배경과 목적에 대하여 이해하고 감동하기 때문입니다.

여기서는 우리나라 천주교의 시작에 불을 붙인 광암 이벽을 기념하는 '광암 이벽 기념 성당', 박해시기에 우리 땅의 반 이상을 걸어서 신자들을 돌보다 선종하신 최양업 신부님이 집전한 세례 기록이 남아 있는 '멍에목 성지', 그리고 개화기 때 관문이었던 제물진두를 지나간 우리 천주교의 역사적 인물들을 기념하는 '제물진두 순교기념경당'을 소개합니다.

포천 화현리 이벽의 생가터 근처에 건립한 '광암 이벽 기념성당'은, 신앙의 불모지에서 진리를 찾으려 몸부림치던 이벽을 기억하고 기리는 공간입니다. 그가 주위의 압박과 방해에 시달리며 갈망하던 하느님과 교회 지식, 그리고 신앙 공동체의 형성에 힘을 쏟았던 그의 마음을 건축적으로 표현한 '하늘만 보이는 빈 마당'을 체험할 수 있습니다. 그리고 진리를 발견하고 시대의 저항에 맞섰던 그의 처지가 되어 우리나라 천주교의 시작에 대하여도 묵상해볼 수 있을 것입니다.

멍에목 성지는 최양업 신부님이 세례를 베푼 수천 수만 명의 수세자 중 기록으로 남은 단 세 분의 증거가 있는 곳입니다. 속리산을 북으로 마주보는 구병산 자락에 자리 잡은 멍에목 성지는 우리나라 두 번째 사제이자 땀의 순교자이신 최양업 신부님의 '세례성사'를 주제로 하여 '세례성당'과 '세례동굴'을 계획하였습니다. 세례를 상징하는 형태로 된 팔각뿔 모양의 성당에 과거 이곳에 있었던 신앙과 관련된 이야기를 유리화로 재현하여 꾸몄습니다.

제물진두 순교성지는 박해 시기에 희생당한 순교자를 기리는 곳입니다. 천주교 억제를 위한 본보기로 교인들을 잡아 사람들이 많이 다니는 포구에서 처형한 것입니다. 또한 이곳은 김대건 등 신학생들이 마카오로 유학을 떠난 곳입니다. 외국 수도회의 첫 파견 수녀회인 샬트르 성 바오로 수녀들의 입국 경로였던 곳이기도 합니다. 이러한 천주교의 중요한 역사적 사실들을 기념하기 위하여 인천 제물진두 순교기념경당을 세웠습니다. 순교는 신앙의 꽃이라는 이미지와 순교자는 하느님께서 손수 감싸 안으신다는 뜻을 형태로 담은 경당입니다.

광암 이벽의
고뇌와 승화

1

• 광암 이벽 기념성당 전경, 2023년 5월 준공 봉헌

한국 천주교와 이벽

　　우리나라의 천주교는 외부로부터의 전교
에 의해서 전래된 것이 아니라 조선인의 자발적인 노력으로 이
루어졌습니다. 조선의 학자들은 중국으로부터 들어온 천주교
관련 서적을 통하여 자발적으로 천주교 신앙을 깨우쳐 신앙 공
동체를 창설한 것입니다. 이는 전 세계 그리스도교의 선교 역사
상 독특하고도 유일한 사건입니다.

　　조선말 유학자 이익의 후학들인 성호학파의 선비들이 '서
학'(西學)이라 일컫는 학문을 통하여 천주교에 관심을 갖게 됩니
다. 이들은 마테오 리치의 『천주실의』, 판토하의 『칠극』 등 서학
서적을 찾아 연구하고 토론하였습니다. 또한 중국에 들어와 있
는 서양의 천주교 성직자들을 찾아 궁금증을 풀고 더 깊은 내용
을 찾아 받아들입니다. 그 중심에 서 있는 선비가 광암 이벽이었
습니다.

　　이벽은 동료 이승훈을 베이징에 보내 더 많은 천주교 지식을
구하고, 우리나라 사람으로서 첫 영세를 하도록 하였습니다. 이
후 세례식을 거행하거나 교리 강습을 행하는 등 보다 조직적이
고 적극적으로 신앙 모임을 주도하게 됩니다.

　　당시 조선사회는 개국 때부터 국가의 이념으로 선택한 유학
의 가르침이 모든 백성의 생활에 이미 깊이 뿌리내려 있었습니

다. 서학은 이들에게 절대적 진리인 유학과 정면충돌하는 '사교'(邪敎)였습니다. 기존 기득권 세력인 유생들의 반대로 천주교를 허용하지 않았습니다. 게다가 이를 정치적으로 이용하는 세력도 있어 천주교 신자들은 곤란을 겪게 됩니다. 교회 설립을 주도한 양반층 신자들은 가문의 압박을 이기지 못해 교회와 멀어지게 되었습니다.

이벽 집안도 천주교 신앙을 금하였습니다. 그의 집안은 대대로 무인으로, 경기도 포천에 세거하던 기호학파 남인(南人) 집안이었습니다. 이후 조부가 무과에 급제하였으며, 형과 동생이 황해병마절도사와 좌포장을 지낼 정도로 무반 집안으로 유명했습니다. 그럼에도 이벽은 가문을 거역하고 신앙을 지킵니다. 결국 이벽은 가정박해를 받았고, 가문의 처분으로 죽음에 이르게 됩니다.

문중이 멸문지화를 입는 것보다 차라리 이벽 한 사람이 없어지는 것이 옳다고 하여 문중과 친지들의 압력으로 굶겨 죽이는 아사벌(餓死罰)을 주었던 것입니다. 당시 양반 대가에서는 아들이 부명(父命)을 끝까지 거스르면, 차마 칼로 아들을 죽일 수도 그렇다고 밧줄 올가미로 목을 옭아서 매달아 죽일 수도 없었기에 이런 경우에는 "내 자식이 아니다"라고 큰 소리로 외치고 "밥도 주지 말라"고 해서 피 흘리지 않고 조용히 굶겨서 죽였다고 합니다. 닥쳐올 더 큰 불행과 비극을 예방하기 위하여 궁중이나 양반대가의 뒤뜰 별채에서 종종 벌어졌던 비극의 역사였다고 하겠습니다.

이벽 유적지 정비사업

이벽은 우리나라 천주교 시작점에서 한국 천주교회를 창설한 중요 인물이기도 하지만, 조선 후기 실학자로서 출신지인 포천시에서도 기념할 만한 역사적 인물입니다. 이에 2011년 포천시와 천주교 춘천교구는 합동 사업으로 '광암 이벽 유적지 정비사업'을 진행하기로 합의합니다. 이에 따라 유적지 정비사업은 포천시에서, 기념성당 및 순례성지 조성사업은 춘천교구가 담당하기로 합니다.

포천시가 담당한 유적지 정비사업의 내용은 이벽 생가 재현을 비롯하여, 전시관, 야외극장, 대형 주차장 등이었습니다. 춘천교구가 담당한 내용은 이벽 기념성당과 주변의 옥외 기도 공간이었습니다. 여건상 기념성당의 건축만 완성되었고, 앞으로 옥외 기도 시설, 곧 십자가의 길, 야외성전, 성모상 등 성상 건립이 긴 시간을 갖고 이루어지게 될 것입니다.

더 나아가 성지로서의 보다 적극적인 역할을 하기 위해 식당, 피정집, 교육관 등 필요 연계시설들을 염두에 둔 마스터플랜의

수립도 필요할 것입니다.

춘천교구는 2023년 5월에 이곳을 광암 이벽 요한 세례자 진묘터 및 생가터를 기념하는 '화현 이벽 성지'로 공식 선포하였습니다.

광암 이벽 기념 성당

이벽의 생애 자체가, 천주교를 알게 되고, 받아들이고, 이 땅에 뿌리를 내리게 하는 과정입니다. 성당은, 순례자들이 이벽이 생애 마디마다 겪은 엄청난 고뇌와 갈등과 어려움을 함께 체험하도록 설계하였습니다.

그가 겪은 어려움의 끝에 맞은 죽음은 단지 소멸로 끝나지 않고 부활하여 하느님의 나라를 차지하게 됨을 경험할 것입니다. 그것은 성당 자체가 이벽의 희생과 봉사로 인해 튼튼한 한국 천주교회가 이루어졌다는 사실을 담고 있기 때문입니다.

하느님을 갈망하던 이벽은 당시 사회의 천주교 박해로 가문으로부터 배교를 강요받고 있었습니다. 이런 극심한 억압을 당하여 의지할 곳은 아무데도 없었을 것입니다.

• 좌 : 광암 이벽 기념성당 전경

• 안마당

성당 안마당은 그러한 이벽의 마음을 은유적으로 표현한 것입니다. 메마르고 거친 돌밭길에 사방을 둘러봐도 높고 거친 돌벽에 막히고 바라볼 것은 오직 하늘밖에 없습니다. 당시 이벽의 마음이 그러했겠지요.

이곳에서만큼은 순례자 혼자이기를 권합니다. 가족이나 지인들과 함께 순례중이더라도 이곳에서만은 일행과 잠시 헤어져 철저하게 혼자면 좋겠습니다. 이벽이 하늘만 바라볼 수밖에 없었던 것처럼 순례객들도 그 상황을 체험해보시기를 권합니다.

우리 주변에는 나와 하느님 사이에 방해물이 너무 많습니다. 너무 많은 것들이 보이고 들립니다. 참견해야 할 것들 또한 너무 많습니다. 이런 모든 것이 보이지 않고, 들리지 않는 공간, 나의 발걸음 소리와 하느님의 현존을 느낄 수 있는 하늘만 보이는 공간으로 순례자 여러분을 초대합니다. 홀로 걸으며 자갈들이 부딪히며 내는 소리에 자신을 온전히 맡겨보시기 바랍니다. 하늘을 바라보며 하느님을 찾는 시간을 가지면 좋겠습니다.

이 안마당에는 작은 문이 하나 있습니다. 성전으로 향하는 문입니다. 여럿이 우르르 들어갈 수 없는 좁은 문입니다. 문으로 들어서면 낮은 천장의 좌우로 긴 홀이 나타나고, 양 옆으로 빛이 들어옵니다. 조금은 답답함을 느끼도록 의도한 이 공간은, 부친과 집안 어른들로부터 가정박해를 당하는 이벽의 괴롭고 절망적인 갈등과 고뇌의 시간을 체험하는 장소이자 다음 공간으로

• 성전 홀

• 성전 내부

건너가는 매개 공간입니다.

홀에는 바로 성전의 벽과 문이 면해 있습니다. 홀에 면한 성전
의 벽과 문은 유리로 되어 있습니다. 한지와 같이 뿌연 반투명 유
리여서 안의 형상과 움직임이 희미하게 느껴집니다. 성전입니다.

이벽은 가정박해를 받고 마침내는 죽음을 맞습니다. 성전으로 들어감은 이벽의 죽음을 상징합니다. 성전에 들어서면 여태까지의 거칠고 답답한 공간과 사뭇 다른 높고 밝은 공간이 나타납니다. 하느님의 나라, 죽음이 죽음으로 끝나지 않고 부활로 이어지는 승리의 공간입니다. 이벽이 꿈꾸던 곳, 신자들이 마침내 가고자 하는 곳, 하느님 나라입니다.

하느님 나라를 닮은 성전

성전의 모양은 정사각형의 평면이고, 그 한가운데에 제대가 있습니다. 제대는 주님의 무덤이자 주님의 식탁입니다. 이렇게 주님의 식탁에 둘러앉아 지내는 미사의 모습은 주어사와 천진암 강학회에서 서탁에 둘러앉아 서학을 논하는 모습을 연상할 수 있습니다. 명례방에서 신자들이 함께하는 신앙 활동이 연상되기도 합니다. 이곳을 순례하는 모두가 천진암 강학회에, 명례방 신앙 모임에 함께한다는 의미를 두어도 좋겠습니다.

죽음을 이기고 하느님의 나라에 들어감을 상징하는 성전의 성미술은 유리와 포천의 특산물인 돌로 꾸몄습니다. 이는 유리 조형 작가 김기라 안나의 작품입니다. 성전 출입문, 성전 벽의 창문들 그리고 제대 뒷벽의 십자가는 유리를 가공하여 하늘나라를 표현한 것입니다.

하느님을 상징하는 구름이 성전의 높은 창, 낮은 창에 표현되고 가운데 십자가에는 부활하신 예수님이 하늘에 떠 계십니다. '사람의 아들이 권능과 큰 영광을 떨치며 구름을 타고 오는 것'(루카 21,27)을 보여주려는 것이지요. 유리는 빛을 투과시킴으로써 다양한 효과를 발합니다. 벽의 십자가를 위해 건물의 벽을 뚫어, 외부의 자연 빛이 유리 십자가를 통해 비침으로써 십자가의 형체가 드러납니다.

• 성전 측창

• 제단

멍에목의
최양업 신부 발자취

• 최양업 토마스 신부 탄생 200주년 기념 세례성당, 2024년 6월 준공 봉헌

2

가경자 최양업 토마스 신부님

우리나라 천주교 역사상 첫 신학생이었
던 세 분 중에 두 분은 사제가 되었습니다. 성 김대건 안드레아
(1821~1846) 신부님과 가경자 최양업 토마스(1821~1861) 신부님입니
다. 순교하여 성인의 반열에 오른 성 김대건 안드레아 신부님은
'피의 순교자'로 불립니다. 이렇게 부르는 이유는 사제 서품 후
귀국하여 채 1년도 되지 않는 기간 동안 사목활동을 하다가 체
포되어 순교하셨기 때문입니다.

우리나라 두 번째 사제였던 최양업 신부님은 김대건 신부님보
다 몇 년 뒤 사제 서품을 받고 귀국하여 전국을 누비며 사목활동
을 하셨습니다. 박해를 피하기 위해 사람들의 눈에 띄지 않도록
캄캄한 밤에 위험을 무릅쓰고 산골짜기를 누비기를 20여 년, 그
어느 사목 길에 과로와 병으로 마흔의 나이에 생을 마감합니다.

최 신부님은 다섯 도에 흩어져 있는 100개가 넘는 공소를 관
할했습니다. 엄중한 박해 시대에 몸을 숨기고 전국의 신자를 찾
아 사목활동을 하며 한 해에 7천 리를 다니셨다고 합니다. 7천
리면 2천 800킬로미터, 서울에서 부산을 일곱 번 가는 거리입니
다. 그런 이유로 '땀의 순교자'로 불립니다.

이렇게 쉼 없이 곳곳을 다니며 세례성사와 고해성사와 미사
집전 등 많은 사목 활동을 하였으나 안타깝게도 정확한 기록은

남아 있지 않습니다. 아마 적발의 빌미가 되지 않으려는 고육지
책이 아니었을까 생각합니다. 그럼에도 기록이 전해지는 사례
가 셋이 있는데, 마침 멍에목과 연고가 있다는 공통점이 있었습
니다.

멍에목

'멍에목'이란 곳은 속리산 골짜기인 충북
보은의 구병리에 있는, 그야말로 첩첩산중 두메산골로 인가가
없는 아주 험난한 곳입니다. 당시 박해 하의 천주교 신자들은 화
전민조차도 살지 않는 오지 중 오지로 찾아 들어가 공동체를 꾸
려 살았습니다. 최양업 신부님은 이런 곳을 찾아다니며 신자들
을 돌보았습니다. 입교하는 신자들에게 세례를 베풀고, 고해성
사와 성체성사로 신앙적 갈증을 풀어주었습니다. 목자로서 암
흑 속의 신자들을 위로하며 강복을 청하였습니다.
　당시 청주교구장 장봉훈 가브리엘 주교님의 부름을 받고 처
음 현장을 보러갔던 날이 기억납니다. 교구청에서 멍에목 성지
로 가는 내내 장 주교님은 저를 옆에 태우고 최양업 신부님과 멍
에목에 관한 이야기, 멍에목에 이주하여 우연히 천주교 신자들
의 행동에 감동하여 입교한 조 바오로에 관한 이야기를 들려주

셨습니다. 주교님은 새 길이 아닌 옛 길로 가자고 하셨는데, 최양업 신부님께서 걸으셨을 길을 건축가에게 조금이라도 느끼게 하고자 한다고 하셨습니다. 꼬불꼬불한 산굽이와 가파른 고개를 여러 차례 지나며 한 시간 넘게 가서야 성지에 다다를 수 있었습니다. 최양업 신부님은 20년 동안 이보다 훨씬 험한 길을 걸어서 다니셨던 것입니다. 우리 땅의 천주교와 신자들을 위해서 말입니다.

최양업 신부님이 신학생이던 1842년부터 선종하기 바로 전 해인 1860년까지 프랑스인 스승 신부들에게 보낸 열아홉 통의 편지가 남아 있습니다. 그 여덟 번째 편지(1851년 10월 15일자)에 멍에목 교우촌과 이곳에서 최양업 신부님께 세례를 받은 조 바오로의 사연이 기록되어 있습니다. 대략의 내용은 다음과 같습니다.

어느 날 조씨라는 양반이 멍에목 마을 인근 골짜기에 집을 짓고 살려고 왔는데, 하필이면 그때 멍에목 마을 전체가 화재로 소실되고 말았다. 이에 조씨는 위로차 멍에목 마을을 방문했는데, 그가 생각하고 있던 것과 달리 마을 사람들은 근심하거나 동요하는 기색이 전혀 없었다. 이상하게 생각한 조씨가 끈질기게 그 이유를 묻자, 그제야 마을 사람들은 "우리는 천주교를 믿습니다. 우리는 좋은 일이나 궂은일이나 모든 일은 하느님의 뜻에 따라 일어난다고 믿습니다. 그러므로 우리는 지극히 좋으신 하느님께 항상 의탁하고 그분의 측량할 수 없는 안배를 칭송할 뿐입니다"라고 대답하였다. 이 말에 조씨는 크게 감동하였고, 멍에목 신자들에게 기도문과 교리문답을 배우기 시작하였다. 그뿐만 아니라 신자들이 가르쳐준 교회 법규를 지키면서 오랫동안 그 자신이 숭배해왔던 미신을 거부하고, 친척들과 친지들을 멀리했으며, 더욱이 '우연히 화재가 난 것처럼 꾸며서 자신이 살던 집과 우상들을 불태워버렸다.' 그런 다음 조씨는 멍에목을 방문한 최양업 신부로부터 '바오로'라는 세례명으로 세례를 받기에 이른다.

또 1866년부터 1870년대까지 이어졌던 병인박해 와중에 순교한 신앙 선조들의 삶과 영성, 그리고 순교 과정에 대해 직접 목격하거나 이를 전해 들은 동료 교우와 후손들의 증언 기록인『병인치명사적(丙寅致命史籍)』에 최용운 암브로시오(1836~1868) 멍에목 교우회장과 그의 처남인 전 야고보(? ~1867)가 최양업 신부에게 세례를 받았다는 증언 기록이 있습니다. 이것이 신자들에게 세 차례 세례를 주었다는 기록의 전부입니다.

멍에목에는 순교자 열 명의 기록이 있습니다. 최 신부님에게 세례를 받은 하느님의 종 최용운 암브로시오와 전 야고보, 박경화 바오로(1757~1827)와 박사의 안드레아(1792~1839) 부자 및 김종륜 루카(1819~1868) 등 삼 위의 복자, 그리고 여 요한(?~1868)과 최조이 (?~1868) 부부, 안 루카(?~1866), 여규신(?~1868), 최운홍(?~1868) 제위가 그분들입니다.

청주교구는 2016년 멍에목을 성지로 지정·선포하였고, 최양업 신부님의 탄생 200주년이 되는 해인 2021년에는 '최양업 토마스 신부 탄생 200주년 기념 세례성당'을 착공하여 2024년에 봉헌하였습니다. 이를 준비하는 과정에서 당시 서울대교구 성미술 담당 정웅모 에밀리오 신부님이 기획 업무에 가담하여 건축가와 성미술 작가의 선정에서부터 진행 및 코디네이션 역할을 해주셨습니다.

'세례성당'이라는 말은 흔치 않습니다. 외국에 있는지 모르겠지만 우리나라에는 처음인 것 같습니다. 보통 성당은 주로 미사를 거행하여 '성체성사'를 행합니다. 세례성사를 행하는 전문 전례공간으로는 '세례당(Baptisterium)'이 있습니다. 세례당이라고 하지 세례성당이라 부르지는 않습니다.

초기 교회에서 예비신자는 밖에서 교리를 배운 후 세례를 받고 나서 성전에 들어갈 수 있었습니다. 세례당은 5세기 로마의 라테라노 대성당(Basilica di San Giovanni in Laterano)에 처음 만들어졌습니다. 그 후 세례당은 독립된 건물로 짓는 경우가 많았고, 그 안에서 세례식을 거행하였습니다. 현대에 오면서 전례가 점점 간소화되면서 성전에서 시간을 달리해 성사를 할 수 있게 되었습니다. 그래서 성전 안에 세례반(洗禮盤)이나 세례대(洗禮臺)가 만들어졌고, 보통 성전 입구에 자리를 잡았습니다. 이는 비신자가 성

• 기념 성전

• 성전 스케치

전 입구에서 세례를 받고 성전으로 들어간다는 것을 의미합니다. 그러나 우리나라에서는 모든 성전에 세례소(洗禮所)가 있어야 하는 것은 아닌 듯합니다. 지금은 세례소가 없어도 미사 중에 세례식을 거행하기도 합니다. 이런 배경에서 멍에목 성지의 작은 성당은 한가운데 자리를 세례대에 내주고 제대와 신자석이 그 주위를 에워싸는 형태로 설계하였습니다. 미사성제도 지내고 세례성사도 베풀겠다는 의도입니다. 이는 우리 초기교회 당시 세례성사를 통하여 하느님의 자녀가 된다는 것이 얼마나 중요했는가를 기억하고자 함이며, 그 성사를 집행하기 위하여 온갖 위험을 무릅쓰고 사목하신 최양업 신부님의 수고를 되새기고자 함이며, 지금도 변함없이 우리에게 소중한 세례성사의 뜻과 신앙선조들의 열정을 기념하고자 하는 취지인 것입니다.

최양업 토마스 신부
탄생 200주년 기념 세례성당

구병리 멍에목 성지에 들어서면 멀리 배경으로 보이는 구병산 줄기에 봉우리 두 개가 보입니다. 늠름한 능선에 어깨동무를 하고 있는 두 형제 같이 보입니다. 마치 김대건 신부님과 최양업 신부님이 사이좋게 어깨동무를 하고 성지

를 굽어보는 형상처럼 보입니다.

　성지 부지는 남쪽 두 봉우리를 향하는 북사면에 남북 방향으로 길게 걸쳐 있습니다. 이런 두메산골에서는 보기 드문 꽤 널따란 평지입니다. 평지가 끝날 즈음 경사진 비탈면이 산을 향하여 뻗어 있습니다. 그 경계에 성전을 앉혔습니다. 성지 입구에 다다르면 시야에 들어오는 성전의 첫 모습이 인상적으로 보이도록 연출한 것입니다. 아름다운 주변 풍광에 성전이 녹아 들어가 편안한 경치가 되기에 적당한 곳입니다.

• 야외성전 제단

성전을 중심으로 외부공간 영역을 셋으로 나누어 의미와 흐름을 연결했습니다. 그에 맞게 땅의 높낮이도 셋으로 나누었습니다. 먼저 성지 입구에 넓은 평지를 구획했는데, 성전을 향한 도입부입니다. 여기서 성전이 멀리 보입니다. 성전을 인지하고 성전을 향한 마음의 준비를 하는 공간입니다. 여기에는 성지에 필요한 주차장, 화장실, 진입로 같은 부속시설을 마련했습니다. 그리고 성전 가까운 곳에 세례동굴을 배치하였습니다.

두 번째 외부 공간은 바로 성전 영역입니다. 도입 공간에서 진입로를 따라 성전 높이까지 올라오면 왼쪽으로 성전과 정면으로 마주하게 됩니다. 주변 산과 같은 세모 뿔 모양의 성전은 하늘을 향해 솟아오르는 형상입니다. 여기서 성전 입구까지, 그리고 성전 주변은 같은 높이로 편안하게 성전으로 발걸음을 이끕니다. 숨을 고르고 성전에 편안하게 접근하는 준비공간입니다.

세 번째 외부 공간은 성전을 지나 산 쪽으로 연결되는 경사면입니다. 성전 측면의 야외 제대에서 올라가는 푸른 잔디 면입니다. 많은 인원이 참여하는 야외 미사 및 명상 공간으로 갈릴래아의 산상설교를 연상케 하는 공간입니다.

산에서 흘러내려온 시냇물은 야외성전을 스쳐 성전 밑으로 스며들어 앞마당 아래 '세례동굴'로 흘러갑니다. 물은 세례를 상징합니다. 세례 기념 성당이 있지만 세례에 대한 다양한 행위와 기념을 위하여 만든 것입니다.

동굴은 무덤을 상징합니다. 예수님이 돌아가시고 묻히신 동굴 무덤, 사흘 만에 죽음을 이기시고 부활하심은 우리 신앙의 핵심입니다. 세례성사는 그리스도교 신자가 되는 문으로, 물에 잠김으로써 죽음 속에 묻혀 있다가 그리스도와 함께 부활하여 새 사람이 됨을 상징합니다.

또한 영세자는 빛의 자녀가 됩니다. 이 동굴에서 거행하는 세례성사는 죽음에서 부활하여 새 생명을 얻는 것을 상징합니다. 그때 최양업 신부님이 멍에목 신자들에게 주신 세례성사를 기억하고, 우리가 받은 세례를 갱신하며 새로운 마음가짐으로 기

• 세례동굴 단면 스케치

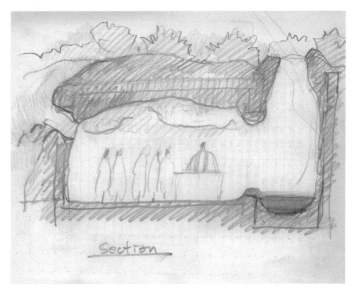

• 상 : 세례동굴 세례터 / 하 : 세례동굴 출입구

쁘고 힘차게 세상을 향하여 나아갈 것입니다.

성전은 팔각뿔 형태의 피라미드 모양입니다. 성경에서 7은 완전한 숫자입니다. 밑면이 정팔각형으로 8이란 숫자는 완전한 숫자 7에 1을 더한 숫자로, 완전하게 되고 다시 시작하는 새 날을 뜻합니다. 이는 과거의 내가 죽고 세례로 그리스도와 함께 다시 태어난다는 세례성사의 신비를 상징하기도 합니다. 전통적으로 세례당을 팔각형으로 짓는 의미입니다.

고깔 모양으로 하늘을 향함은 이 땅에서 살아가는 신자들의 바람을 모아 하느님께 올린다는 의미입니다. 늘 하늘을 지향한다는 의미를 지닙니다. 반대로 하늘에서 땅을 향하여 나팔과 같이 퍼져 있음은, 성전 내부 한가운데에 가장 높은 꼭지의 천창을 통하여 하느님의 빛과 사랑, 은총이 이 땅의 신자들에게 쏟아져 퍼짐을 의미합니다.

하늘의 빛이 떨어지는 팔각형 성전 바닥 한가운데에 세례대를 배치하여 세례성당임을 분명히 하고, 이를 중심으로 제단과 신자석을 배치하였습니다. 그리하여 그때 이곳 멍에목에서 이루어졌던 최양업 신부님의 세례성사를 기념하는 장소가 됩니다. 지향점이 강한 고깔 모양의 공간 안에 세례대를 바라보며 전례에 참여하는 모든 신자들은 세례성사의 의미로 더욱 하나됨을 경험하게 될 것입니다.

• 성당 내 팔각천창

• 성전 문과 세례대

성미술로 완성되는 성전

      팔각뿔 형상의 성전의 천장 역시 팔각형입니다. 다른 성당에서는 좀처럼 볼 수 없는 독특한 형태의 성전이지요. 고개를 들어 성전 꼭대기 천창(天窓)을 바라보면 여덟 방향으로 난 연속된 창에서 하늘의 빛이 내리비칩니다. 성미술 화가 김형주 이멜다 작가가 제작·설치한 작품입니다.

  팔각형 천장의 중심에는 삼위일체의 상징을, 주변 창에는 네 복음사가의 상징(사람-마태오, 사자-마르코, 황소-루카, 독수리-요한)을 그려 넣어 비잔틴 교회부터 성전 천장에 많이 사용하였던 판토크라

• 천창의 판토크라토로(pantocrator) 상징 그림

• 벽 색유리화

토르(pantocrator, 만물의 지배자이신 전능하신 하느님)를 상징화하여 디자인
하였습니다.

또한 창문을 네 개의 영역으로 구획하였는데, 부분부분 색유
리를 끼워서 시시각각 변하는 하늘에 약간의 색 변화를 주면서
도 충분한 빛을 확보하도록 하였습니다. 성전 벽의 창은 유리화
로 장식하였습니다. 신자석 주변을 감싸는 긴 창에는 멍에목의
신앙 사화가 그려져 있습니다. 조 바오로가 입교하게 된 경위,
최양업 신부님께 세례 받는 장면, 그리고 이곳 순교자들의 모습
입니다.

성전 한가운데의 세례대는 돌로 만들었습니다. 역시 김형주 이멜다 작가의 작품입니다. 이를 중심으로 제단과 신자석이 팔 각 면을 채웁니다. 바닥과 벽은 대리석으로 마감하였고, 제대와 제단 기물은 홍송으로 제작하였습니다. 그리고 제단 벽에 감실 을 묻었습니다. 노틀담수녀회 김겸순 마리 테레시타 수녀가 작 업하였습니다. 김 수녀는 제대와 제단 기물들을 구상하며, "이 성당이 세례성당임을 염두에 두고, 세례를 상징하는 '물과 성령' 이 내려오고 흐르는 이미지를 단순화하여 표현하고자 하였다" 고 합니다.

• 세례제단

제물진두에서 꽃피운
신앙의 불꽃

3

• 제물진두 순교성지 경당, 2014년 5월 준공 봉헌

제물진두

제물진두는 우리나라 개화기에 외세의 진입 관문이었습니다. 드나드는 사람이 많은 곳이었기에 조선 조정에서는 이곳에서 죄인의 처형을 집행했습니다. 많은 이들에게 본보기를 보이기 위해서였습니다.

병인박해(1866)와 신미양요(1871) 때 순교자 10위가 이곳에서 치명하셨습니다. 그리고 이곳은 성 김대건 안드레아가 부제품을 받고 잠시 귀국하였다가 사제품을 받기 위해 1845년 라파엘호를 타고 다시 상하이를 향해 출발한 곳이기도 합니다. 1886년 조불수호통상조약으로 천주교가 공인되고, 1888년 샬트르 성바오로 수녀회의 수녀 네 명이 처음 입국한 경로이기도 합니다. 이렇게 제물진두는 우리나라 천주교 역사상 매우 중요한 장소입니다.

천주교 인천교구는 이곳에서 순교한 순교자를 기리고, 그들의 신앙 정신을 본받아 우리 신앙심을 다듬고자 2014년 5월, 교구 설정 50주년 기념사업으로 이곳에 순교기념관을 세워 하느님께 봉헌하였습니다. 기획단계에서부터 제정원 베드로(1952~2024) 신부님이 교구를 대표하여 사업을 주관하셨고, 조광호 시몬 신부님은 기념관이 완공될 때까지 자문 및 성전 벽의 색십자가와 색유리화 작업을 해주셨습니다.

공간의 구성

한중문화원 옆 큰길 가에 위치한 작은 땅. 부지 앞 큰 길에는 빠르게 달리는 자동차의 흐름이 있고, 인도에는 많은 사람이 다닙니다. 시끄럽고 어수선한 환경입니다. 또한 이곳은 차이나타운의 진입로이며 개항기의 근대건축물이 밀집한 역사문화미관지구로 늘 관광객이 몰려드는 곳입니다.

예정된 부지 양 옆으로는 선박용 밧줄이나 쇠사슬 같은 선박 용품을 파는 오래된 상점과 중국문화원이 있습니다. 이들의 존재는 이 지역의 역사를 말해줍니다. 개화기부터 교역이 활발한 부두였고, 예전부터 그곳에서 생활하는 사람들 중에 중국인들이 많았다는 것을 말해줍니다.

엄숙해야 할 '순교기념경당'의 입지로는 너무나 어울리지 않는 곳입니다. 그러나 역사적 사실에 바탕을 두고 있어서 더 생생한 실체를 보여주는 곳이기도 합니다. 현재는 대단히 활발하고 번잡하고 시끄러운 곳입니다. 이런 세속의 세계에서 고요하고 엄숙해야 할 기념경당 사이에는 양극의 두 분위기를 완화시켜줄 공간이 필요하다고 보았습니다.

숨을 고르고 마음을 가다듬기 위한 준비 공간이 필요한 것입니다. 부지가 넓어서 여유가 있다면 일정한 거리를 두어서 문제를 해결할 수 있을 테지만, 그나마 이 사업을 위해 마련한 땅은

33평의 좁고 긴 땅이 전부입니다.

그래서 원래 건축 목적을 달성하기 위해 특단의 조치를 취할 수 밖에 없었습니다. 한참을 고민하다가 좁은 땅이지만 의도적으로 진입로를 만들어 동선을 늘여주었습니다. 진입 골목을 통해 땅의 가장 안쪽으로 동선을 유도하여 경당으로 들어가도록

• 순교성지 전경

• 경당으로 들어가는 진입 골목

한 것입니다. 두 사람이 겨우 스쳐 지나갈 만한 폭이 좁은 골목
길을 만들었습니다.

골목길은 성지로 들어가기 위해 마음의 준비를 하는 공간입
니다. 들어가는 골목길은 다소 어둡습니다. 들어서면 마주 보이
는 곳에는 낡고 우중충한 이웃 건물이 있고, 오른쪽에는 한중문
화원, 왼쪽에는 경당이 있습니다. 이렇게 건물에 둘러싸여 위에
서만 빛이 들어오기 때문에 아주 어둡지는 않지만 그렇다고 밝
지도 않은 곳입니다.

좁고 긴 골목을 지나 문에 들어서면 천장이 높은 공간이 나타
납니다. 이 집의 목적 공간인 경당입니다. 단순하고 소박하며,
작고 높은 공간은 경건함을 느끼게 해줍니다.

이 공간에 들어와 정면을 바라보면 제대가 의연하게 자리 잡
고 있습니다. 제대는 순교자들이 믿고 따르던 주님을 상징합니
다. 제대와 경당을 비추는 빛은 천장과 높은 벽에 뚫린 창, 그리
고 제대 바로 뒤 전면 창에서 들어옵니다. 빛은 하느님의 언어입
니다. 태양 빛이 색유리를 통해 들어와 제대와 경당 실내를 비
춥니다. 벽은 경당의 공간을 구획해주는 역할만 합니다. 자신은
드러나지 않고 하느님의 공간인 이 경당의 공간을 느끼게 하는
것입니다.

서쪽 벽에는 십자가 모양의 긴 창이 있습니다. 색유리로 장식된 이 십자가 창을 통해 들어온 오후의 햇빛은 자신을 복제한 빛의 십자가를 반대쪽 벽에 투영시킵니다. 마치 순교자의 정신을 우리 마음에 투영시키듯이 말입니다. 단순하고 깨끗한 벽, 순례자들의 눈이 머무르는 곳에는 순교자를 기억할 수 있는 의미 있는 물품들을 전시하였습니다. 워낙 내부 공간이 좁아서 지극히 단순하게 구성하여 꼭 필요한 것만 설치·부착하도록 의도하였습니다.

미사를 위한 제대를 제외하고는 신자석에는 그 어떤 설치물도 생략하여 여러 형태의 기도, 기념 및 추모를 할 수 있도록 비워두었습니다. 목적에 맞게 사용할 수 있도록 한 것입니다. 보통 성당처럼 미사를 위하여 신자석을 고정해놓으면 다른 행위가 제한되기 때문입니다.

순례자들은 여기에서 순교에 대하여 생각하고, 제물진두의 순교자들을 기리며, 하느님께 경배합니다. 그리하여 순교의 고통과 희생의 뜻을 새기며, 그 뜻을 부활로 승화시킵니다.

순교기념관을 순례하고 돌아나오는 길은 빛의 길입니다. 들어갈 때 걸었던 좁고 어두웠던 골목길이 나올 때는 빛을 향해 가는 길이 됩니다. 눈부실 정도의 밝음을 향해 걷게 됩니다.

• 좌 : 성전 내부

• 나가는 길

기념관의 형상

순교는 오직 하느님만을 향한 마음의 결정입니다.

순교는 신앙의 꽃입니다.

순교자는 하느님이 손수 감싸 안으십니다.

기념관의 형상은 하늘을 향해 피어오르는 꽃입니다. 동시에 순교자를 감싸안으시는 하느님의 두 손입니다.

기념관 건물의 재료는 노출 콘크리트로 계획했습니다. 노출 콘크리트는 콘크리트로 성형한 후, 아무런 마감을 하지 않고 그 자체로 마무리하는 공법입니다. 세월이 흐르면서 눈과 비와 바람을 맞으며 자연스럽게 색이 바뀌어갑니다.

콘크리트 벽의 표면은 송판거푸집 무늬를 그대로 드러내도록 했습니다. 송판거푸집 무늬는 물론 나이테입니다. 세월을 견뎌 낸 흔적입니다. 과거에 있었던 순교 역사를 오늘 기리며, 내일에 도 기억하여 계속 이어감을 상징합니다.

건물의 내부는 흰색의 부드러움을 의도적으로 드러냈습니다. 흰색은 순결한 색이며 바탕색입니다. 보여주는 것을 돋보이게 할 뿐 자신을 드러내지 않습니다. 눈길을 빼앗는 요소는 가급적 생략하여 단순미를 지향하였습니다.

• 경당 정면

• 외벽

빛의 십자가

종교건축은 메시지의 목적을 갖습니다. 그 의미를 녹여 만든 건축의 바탕 위에서 성미술로 우아하고 품위 있게 메시지를 전달합니다. 이를 위하여 건축 자체로 완성하지 않고 성미술의 자리를 남깁니다. 단순하고 정결하게 구성된 건축은 성미술로 마무리합니다. 입구, 진입로, 경당 내부 및 외부 요소요소에 이야기의 흐름에 따라 필요한 상징을 성미술로 제작·설치하여 완성합니다.

성전과 진입 복도 사이 벽과 성전 외벽에는 색유리화(Stained glass)를 설치하여 순교성지의 뜻을 직간접적으로 표현함으로써

• 경당 천장

경건하고 장엄한 분위기를 연출하였습니다. 인천교구 조광호 시몬 신부님의 작품입니다. 오후 3시쯤 성전의 좌측 곡면 외벽에 색유리로 된 십자가 창을 통해 들어온 환상적인 색빛은 맞은편 벽면에 그대로 쏟아집니다. 그 시간 햇빛에 따라 양 벽면에 두 개의 색십자가가 생깁니다. 빛이 들어오는 십자가는 순교자를, 그 빛이 만들어낸 십자가는 우리를 가리키는 게 아닐까 생각합니다.

그리고 조각가 이긍범 바오로 작가는 순례자가 제물진두의 순교자를 만나 하나가 되기를 바라는 마음으로, 진입로 바닥과 벽에 순교자 10위를 표상으로 남기고, 골목길 끝에는 성모상을 모셔 순교자와 순례자 모두 어머니의 품에 머물게 하였습니다. 성전 뒷벽에는 순교자 군상을 제작하여 제물진두 순교기념 경당을 마무리하였습니다.

• 경당 후면

• 경당 벽에 물드는 색십자가

정결과 청빈과 순명의 길

우리나라의 천주교는 평신도의 헌신적인 노력으로 시작하였고, 그 진리의 가르침은 한반도 땅 곳곳에 씨앗을 뿌리게 됩니다. 그러다가 1831년 조선대목구가 설립되었고, 초대 대목구장으로 브뤼기에르(Bruguière, 1792~1835) 주교가 임명되면서 파리외방전교회(Societas Parisiensis missionum ad exteras gentes; MEP, Missions étrangères de Paris)가 담당하게 되었습니다.

개화기와 일제 강점기, 2차 세계대전, 그리고 한국전쟁을 겪으면서 피폐해진 우리 국민들에게 외국 수도회는 많은 도움을 주었습니다. 그렇게 이 땅에 뿌리를 내린 천주교는 날로 성숙하여 사회의 중요한 역할을 하게 됩니다.

외국 선교사와 수도자들이 신앙의 불모지에 와서 맨바닥부터 일구었습니다. 우리는 그 희생과 헌신을 잊지 말아야 합니다. 이제 우리나라의 수도회는 한국인이 채우고 세워 세상의 소금 역할을 묵묵히 하고 있습니다. 지금 이 땅에서 살고 있는 수도자의 삶을 비추어 보며 주어진 사명을 짚어보고자 합니다.

우리 땅은 70퍼센트가 산지입니다. 국토가 온통 주름지고 구겨져 있습니다. 길을 내고 집을 짓기가 여간 까다로운 게 아닙니다. 산을 깎고 골을 메우는 일 또한 그렇습니다. 오랜 세월 이 땅에 자리 잡고 살아온 우리 조상들은 많은 시행착오를 겪으며 자연에 순응하는 지혜를 얻게 됩니다.

오래 전부터 험한 산에 많은 절과 암자를 세웠습니다. 깊은 산이 아니어도 굴곡진 땅을 다듬어 살아야 했습니다. 평지가 30퍼센트 정도 된다고 하지만 우리는 말 그대로 먹고살기 위해 농사를 지어야 했습니다. 그 때문에 편평한 땅에 집을 먼저 지을 수는 없었던 것입니다. 그러다 보니 집을 땅에 맞추어 앉히는 지혜가 생겼습니다. 마을과 여러 채가 어우러지는 단지를 조성할 때 기본적인 원칙은 지키면서 땅의 생김새에 따르는 적응성이 놀랍도록 발전하였습니다. 지금도 우리 땅 방방곡곡의 있는 수많은 절집은 그 배치의 원칙과 흐름은 유지하지만 땅의 모양에 따라 변주곡처럼 제각기 고유한 앉음새로 겸손하게 자연에 녹아들어 있습니다.

여기에서 소개할 샬트르 성 바오로 수녀회 여주분원, 꼰벤뚜알 프란치스코 수도회 양평 성 정하상 바오로 수도원, 성 클라라 수도회 장성 수도원, 마리아 수도회(마리아니스트) 고양 수도원은 모두 보편적인 천주교 수도원입니다. 그러나 그 수도원들이 자리 잡은 곳은 제각기 고유한 형상의 땅을 기반으로 합니다. 우리 조상들이 다듬어 익숙해진 방식은 과거뿐 아니라 지금도 미래에도 유효합니다. 이를 전통이라고 합니다. 즉 천주교의 수도원이 우리의 문화 관습에 따라 자리 잡은 것입니다.

전통이란 어느 곳이든 어떤 것이든 그곳의 사람들이 삶을 영위할 때 익숙하고 편한 방식이라는 뜻입니다. 긴 세월 많은 사람들이 수없이 시행착오를 겪으며 다듬어온 것이기에 과학 기술이 발달하고, 삶의 가치관이 달라진다 해도 우리 땅에는 전통 방식으로 편안한 집을 짓습니다. 전통은 옛것의 답습이 아니고 지금 살아 숨 쉬고 있는 우리 삶의 방식이기 때문입니다. 전통에 따라 지은 집의 앉음새가 어떤지 같이 체험해보겠습니다.

2000년 대회년, 샬트르 성 바오로 수녀회(SPC, Sœurs de Saint-Paul de Chartres)는 여주의 편안한 땅에 못자리와 보금자리를 마련하게 되었습니다. 일선에서 물러났지만 건강하게 일할 수 있는 초로의 수녀님들과 지원기·청원기와 수련기의 새내기들이 지낼 집입니다. 한 울타리 안에서 노인의 원숙함과 젊은이의 패기가 어우러져 서로 보완되는 조화로운 분위기가 만들어질 것입니다. 시끄럽고 복잡한 도시보다는 하느님의 음성을 더 잘 듣게 될 전원 속의 수도생활이 영위될 것입니다.

산과 골을 굽이굽이 돌아 올라가면 대문을 겸한 종루와 맞닥뜨리게 됩니다. 여주 수녀원은 성당을 정점으로 크고 작은 집들을 땅의 모양새와 어울리게 배치하였습니다. 노인의 집(엠마오의 집)과 새내기의 집(수련원), 손님의 집은 기능에 따라 자리 잡고, 각 건물은 회랑으로 연결되어 동선을 이루며, 회랑으로 구획된 각 영역은 유기적으로 상호 영향을 주고받습니다.

프란치스코 성인을 따라 사는 꼰벤뚜알 프란치스코회(OFM. Conv, Ordo Fratrum Minorum Conventualium; Order of Friars Minor Conventual) 의 콜베 성인(S. Maximilianus Maria Kolbe)이 창설한 성모기사회(원죄 없으신 성모기사회Militia Immaculatæ) 본부가 있는 양평 문호리 '성 정하상 바오로 수도원'은 '콜베마을'로 불립니다.

야산 북사면에 자리한 수도원은 안으로 들어가면서 계속 남쪽의 태양을 보게 됩니다. 개울을 따라 부속 건물들이 기다랗게 늘어서 있습니다. 수도자들이 생활하는 수도원은 가장 안쪽에 배치하여 외부 간섭을 피하여 독립성을 확보할 수 있도록 하였습니다. 외부 손님들이 많이 방문하는 사무실이나 작업실, 회합실 등은 가장 바깥쪽에 배치해서 쉽게 드나들 수 있도록 하였습니다. 그리고 수도원 중간쯤에 자리 잡은 피정집과 성당은 내부인인 수사님들과 외부인인 신자들이 공유하는 공간입니다.

이같은 수도원의 건물 배치는 우리나라 전통 건축기법을 따른 것입니다. 안쪽에 안주인이 거처하는 내당과 안마당이, 중간쯤에 바깥주인이 손님을 만나는 사랑채가, 바깥쪽에 하인이 기거하고 일하는 행랑채와 바깥마당을 대문과 이어 배치하는 전통 주택 개념입니다.

성 클라라 수도회(OSC, Ordo Sanctæ Claræ, Order of St. Clare)는 프란치스코 수도가족 제2회에 속하는 관상수도회입니다. 세상과 접촉을 끊고, 오직 하느님과의 관계 속에서 온전한 봉헌을 위해 살아가는 관상수도자들의 생활은 어떨까요?

장성 수도원은 장성읍 상오리의 장성댐을 곁에 둔 막다른 길의 끄트머리에 자리 잡고 있습니다. 관상수도원의 입지로 적당한 곳입니다. 수도원 뒤쪽으로는 산이 받쳐주고, 남향인 앞쪽으로는 완만하게 흐르는 들판이 펼쳐져 있어서 조망이 평화롭습니다. 부지와 건물을 가로지르는 봉쇄선을 경계로 봉쇄구역을 구분합니다. 봉쇄구역에는 안마당을 중심으로 위계와 용도에 따라 공간을 배치하였으니 전통 방식을 변주한 형태라 할 수 있습니다.

봉쇄구역 경계선 바깥쪽으로 성당, 교육실, 면회실, 손님집과 사제관을 두어 외부인과 접촉할 수 있게 하였습니다.

마리아니스트라고 불리는 마리아수도회(Marianists, Societas Mariæ; Société de Marie; Society of Mary)는 교육, 복지, 선교 분야에서 활동하는 남자 수도회입니다. 수도원이 들어선 자리는 고양시 토당동

보르매산이라 불리는 야트막한 언덕입니다. 수도회 주변으로 사방 1.8킬로미터는 전통 촌락의 주거지역과 전답으로 이루어져 있습니다. 주변에서 가장 높은 곳에 자리 잡고 있기에 자연스럽게 시선이 모이는 곳이기도 합니다.

성모 마리아의 모습을 직유적으로 표현한 수도원 성전이 언덕 위에 우뚝 서 있어서 지역의 랜드마크 역할을 하고 있습니다. 외곽순환고속도로와 자유로, 제2자유로가 교차하는 곳이며, 경의중앙선과 3호선 전철 지상 구간에서 보이는 곳입니다. 바쁘게 움직이는 세상 사람들을 굽어 보시는 성모님의 모습은 과연 어떻게 비쳐질까요? 언덕 위에서 세상을 바라보는 성모님은 사랑을 알리고 평화를 전하는 메시지입니다.

샬트르 수녀들의
보금자리와 묏자리

• 성전 설경, 2000년 준공 봉헌, 2011년 일부 증개축

샬트르 성 바오로 수녀회

1696년 프랑스 샬트르 인근 작은 마을에서 창립된 샬트르 성 바오로 수녀회는 1848년에 처음 동아시아 지역에 진출하였습니다. 조선대목구장 블랑 주교(Marie-Jean-Gustave Blanc, 백규삼, 1844~1890)는 조선에 필요한 구제사업을 위해 샬트르 수녀님들에게 양로원과 보육원을 맡기고자 하였습니다. 그렇게 해서 1888년 네 명의 샬트르 수녀님들은 조선 땅에 첫발을 딛게 됩니다. 이 땅에 들어온 첫 수도자였습니다. 한국인 첫 수도자인 박황월 글라라(1872~1966) 수녀도 이 수녀회 소속입니다.

샬트르 성 바오로 수녀회는 우리나라에서 가장 오래되고 가장 큰 수도회로서 선교, 교육, 의료, 사회복지 등 여러 분야에서 활발하게 사도직 활동을 펼치고 있습니다. 100년을 훌쩍 넘은 만큼 수도원에는 노인도 많아졌고 새내기 또한 많아졌습니다.

처음 들어와 둥지를 튼 곳은 종현, 곧 명동성당 일대입니다. 지금은 복잡하고 시끄러운 도심 한복판이 되어서 수도원으로서는 좋은 환경은 아닙니다. 그래서 도심에서 잃어가는 조건을 채워줄 환경을 찾아 나선 곳이 바로 여주입니다. 이곳에서 노인과 젊은이가 서로의 덕목을 함께 나누고, 서로의 부족함을 채워나가는 지혜의 공동체를 이루었습니다.

절집 같은 수녀원

여주수녀원은 산 속에 있습니다. 우선 '산사'를 떠올려 보았습니다. 절과 수도원은 같은 지향점을 갖습니다. 종교적인 목적을 갖고 수행정진하며, 세속을 계도하고 전교를 꾀합니다. 가난을 지향하고 자비와 사랑을 실천하며 공동체를 이루어 사는 모습이 같습니다.

우리 수도자들이 살기에는 서양의 수도원보다 우리네 절집이 그 모델로 더 적합하지 않을까 하는 생각이 들었습니다. 불교가 이 땅에 들어와 천 년이 훨씬 넘는 시간이 지나는 동안 절집도 우리 정서에 맞게 발전하였기 때문입니다.

• 앞산에서 내려다본 수녀원

큰길에서 개천을 건너 수녀원으로 향하는 길은 완만하게 산 허리로 이어집니다. 저절로 큰길과 적당한 거리를 두게 되었고, 경사 또한 급하지 않아서 어렵지 않게 오를 수 있습니다. 길을 따라가다 무엇이 나타날까 궁금해질 때쯤 첫 모습이 나타납니다. 종루와 회랑, 그 너머로 성당의 지붕이 보입니다. 서양식 종탑 대신 종루를 세웠습니다. 서양의 탑과 우리 탑은 이름이 같아서 비슷한 용도인 듯하지만 실제로는 그 쓰임새가 근본적으로 다릅니다. 서양의 탑은 조망을 위한 것입니다. 먼 곳의 상황을 관찰하는 것이 주 목적입니다. 집이 높으니 소리가 멀리 갈 수 있겠다 싶어 종을 달아 종탑을 겸하기도 합니다.

반면 우리나라에서는 조망을 위한 탑은 쓸모가 없습니다. 아무리 높이 짓는다 해도 바로 근처 탑보다 높은 산이 있기 때문입니다. 그리고 불교의 탑은 부처님의 사리를 모셔놓은 무덤입니다. 서양 종은 종탑에 높이 달고 밑에서 치지만, 우리 종은 종루에 달아 같은 높이에서 옆면을 칩니다.

여기에서는 절충하여 우리식 종루에 서양식 종을 달았습니다. 종루에 올라 그 위에 달린 종 줄을 당겨 타종합니다.

그렇게 세운 종루는 대문을 겸하도록 설계했습니다. 문이 있다는 것은 이곳에 들어오려는 사람들을 가리겠다는 뜻입니다. 수녀원은 수도자들만의 공간입니다. 아무나 마음대로 드나들

• 우측 상 : 입구 암벽 십자가 / 우측 하 : 성전 마당

수 없는 곳입니다. 수도자들이 바깥 나들이할 때 이 문을 통하게 됩니다. 대문을 들어서서 경내에서 가장 높은 곳에 있는 성당 앞을 지나 각 건물로 갈 수 있게 했습니다. 하루에도 몇 차례 이곳에 계시는 어른에게 인사를 드리고, 밖을 드나들 때에도 이곳에 들러 문안을 여쭙니다.

성당은 옆으로 돌아앉아 제대는 동쪽을 향하고, 성전 문은 서쪽으로 열립니다. 성당은 원형 바닥으로 계획하였습니다. 원은 위와 아래가 없이 어디에서나 평등합니다. 수도회 가족은 하느님 앞에서 모두 평등하다는 것을 상징합니다.

성당 앞에 마당을 놓고 그 앞으로 산과 들이 펼쳐집니다. 성당 앞마당은 두 개의 연속된 공간으로 구성했습니다. 먼저, 성당 바로 앞마당은 성전으로 들어가기 전의 준비 공간입니다. 회랑으로 둘러싸고 잔디를 깔아 정적(靜的)으로 절제된 엄숙함을 꾀했습니다. 이 마당과 이어서 몇 계단 낮은 두 번째 마당은 앞마당과 의도적인 대조로 회랑도, 잔디도 없는 맨 땅의 빈터입니다.

비워놓는다는 것은 어떤 채움을 준비하는 것입니다. 여기에서는 일과 놀이 행사 등 모든 행위를 수용합니다. 그 바로 곁에 '손님의 집'이 자리합니다. 세속에서 수도자로서 선교, 교육, 의료, 사회복지 사도직에 종사하는 회원들이 기도와 쉼을 통해 재충전의 시간을 갖기 위한 집입니다.

• 우측 상 : 회랑 지붕 / 우측 하 : 수련원-회랑

다시 성당 앞을 지나 안쪽으로 이어지는 길은 성당을 정점으로 해서 남쪽으로 완만하게 내려갑니다. 길 오른쪽에 '엠마오의 집', 왼쪽에 '마리아의 집'이 있습니다. 성당과 각 집에 이르는 길은 회랑 지붕으로 덮었습니다. 비나 눈에 개의치 않고 기도 시간에 편안하게 다닐 수 있도록 했습니다.

'엠마오의 집'은 수도자로 평생 소임을 다하고 사도직에서는 물러났으나 아직 건강하게 생활할 수 있는 수녀님들이 모여 사는 집입니다.

'마리아의 집'을 처음 지었을 때의 용도는 '수련원'이었습니다. 수도자가가 되기 위해 교육을 받고 수련을 쌓는 집이었는데, 점차 수련자가 줄어들면서 노인 요양시설인 '마리아의 집'으로 리모델링하였습니다. 2000년에 수녀원이 완공되고 10여 년 후, 예측보다 다소 빠르게 노인 수녀님은 많아지고, 지원자의 수는 급격하게 줄어들었습니다. 수련원은 크지만 노인을 위한 시설은 부족했습니다. 2011년 결단을 내려서 수련원을 노인요양원으로 리모델링하고, 수련원(청원자의 집)은 좀 더 안쪽으로, 농경지를 감싸고 남쪽으로 더 들어가서 규모를 줄여 새로 지었습니다.

지원자의 감소는 유럽을 비롯한 다른 선진국이 걸어간 경로를 그대로 밟는 듯합니다. 지원자는 그 수도원의 미래나 다름없습니다. 새로 지은 수련원은 2층으로 기단부인 1층 외벽을 돌로 마감하였습니다. 이 수도원의 튼튼한 반석이 되기를 바란다는

의미입니다.

　채마다 그리고 채 사이에 마당이나 길을 만들고 땅 높이가 차이 나는 곳은 우리 전통 기법으로 화계(花階)를 쌓아 정감 있게 처리하였습니다. 두 집을 지나면 낮은 곳에 논, 밭, 과수원 같은 경작지가 있고, 그 옆에서는 개와 닭을 칩니다. 이 경작지는 원래부터 이곳 사람들이 농사를 짓던 땅입니다. 진입로를 닦으며 나온 돌을 화계로 쌓았고, 산을 깎으며 나온 소나무를 다시 심어 조경을 하였습니다. 자연에 스며들어 살고자, 집을 산에 끼워넣어 산과 어우러지게 하고자 하였습니다.

성미술

　성당의 완성은 성미술로 이루어집니다. 이 성당의 성미술은 모두 조광호 시몬 신부님께서 맡아주셨습니다. 신부님은 "이곳 성당은 연로한 수녀님들의 마지막 '보금자리'이고, 일생을 두고 수도 생활을 지향하는 젊은 수도자들이 하느님을 만나 뜻 있고 아름다운 추억을 쌓아가는 '삶의 못자리'라는 것을 염두에 두고 작업에 임하였다"고 합니다.

　설계 단계에서부터 성미술 작가와 의견을 나누며 하나씩 공간을 만들어나갔습니다. 공사 단계에서는 기초를 설치하기 전

• 성전 내부

에 성당의 실제 크기와 넓이를 알아볼 수 있도록 가설로 벽을 구획하여 공간을 견주어 보기도 했습니다. 생각보다 작다는 느낌이 들어서 크기를 조금 키워서 짓도록 했습니다.

성전에 들어가면 처음 마주치게 되는 성전문과 성수대, 제대를 비롯한 제단 기물들과, 성전 좌우 벽의 큰 유리창과 둥근 천장 가장자리를 하늘 쪽으로 열리게 만든 창 등 성전 안의 모든 의미 있는 요소를 성미술로 꾸몄습니다. 화강석과 색유리 블록의 조화, 자연빛을 통과시켜 신비로움을 강조한 색유리화(stained glass)는 하느님의 신비와 섭리를 깨닫게 하며, 구세사의 상징을 더하여 보는 이가 스스로 상상할 수 있게 하였습니다.

• 성전 색유리화

• 상 : 목각십사처
• 하 : 은입사감실

이 수녀원에는 식구가 많습니다. 그 안에는 미술에 재능이 있는 수녀님도 많습니다. '전례예술원' 이름으로 모인 수녀님들이 제의와 성물 제작, 각종 디자인 등의 작업을 통해 수도 소임을 다하고 있습니다. 당시 여주 분원의 기도 공간에 네 분의 수녀님이 각자의 방식으로 성물을 정성껏 고안·제작하여 봉헌하였습니다.

수련원 십자가의 길 14처를 목각으로 제작한 조각한 노명신 아가다 수녀님, 수녀원 뒷동산 십자가의 길 14처를 브론즈로 제작한 이숙자 세실리아 수녀님, 엠마오의 집과 수련원 기도실에 은입사 감실을 제작한 정현숙 비르지타 수녀님, 엠마오의 집에 십자가의 길 14처를 청토분청 도자로 제작한 김경숙 요안나루시 수녀님이 바로 그분들입니다.

자신의 집을 정성을 다해 손수 꾸미려는 마음이 한껏 드러나는 아름다운 작업들입니다. 이곳 수녀님들은 기도할 때마다 마주치는 작품을 보며 그것을 만든 동료 수녀님의 따뜻한 마음과 정성을 떠올릴 것입니다.

• 청토분청십사처

뒷동산의 십자가의 길

그리스도교 신앙의 핵심은 예수 그리스도
의 부활 사건입니다. 부활은 죽음에서 다시 살아나는 것입니다.
'십자가의 길 기도'(Via Crucis) 는 주로 주님 부활 대축일을 준비하
는 사순 시기 동안에 합니다.

'십자가의 길'이란 예수 그리스도가 수난을 겪고 죽음에 이르
는 경로를 기억하며 구원의 신비를 묵상하는 기도입니다. 이 기
도는 중세 때, 이슬람 세력의 예루살렘 정복으로 천주교 신자의
성지 순례 여행이 차질을 빚게 되자 그리스도의 수난과 죽음 과
정에서 주요한 장면을 떠올리며 기도로서 영적인 순례 여행을
돕기 위해 만들어진 것입니다.

예수님의 이 마지막 행로는 짧습니다. 사형을 언도한 본시오
빌라도 총독 관저에서부터 십자가에 못 박히고 시신이 안치될
'새 무덤이 있는 동산'을 암시하는 골고타 산 정상까지의 짧은 길
입니다. 현재도 예루살렘의 '십자가의 길'에는 순례객이 끊임없
이 찾아와 참배하고 기도 행렬을 이룹니다.

2000년 전 예수님이 십자가를 지고 가시던 그 '십자가의 길'이
라고는 하지만 긴 세월로 인해 그때의 모습은 전혀 남아 있지 않
습니다. 정확하게 그때 그 장소인지도 알 수 없습니다. 그렇지
만 순례객들은 예수님이 겪으셨던 고난을 직접 체험함으로써

예수님과 자신을 일치시키고자 합니다. 순례는 그 자체로 감동일 뿐 아니라 자신의 신앙을 되돌아보는 소중한 기도의 시간이 되는 것입니다.

여주 수녀원에는 특별한 '십자가의 길'이 있습니다. 수녀원 성당의 뒷동산에 자연 지형을 이용하여 야외성전을 조성하고, 여기에서 이어지는 오솔길을 '십자가의 길'로 구성하였습니다.

• 야외성전

• 십자가의 길

14처 각각의 내용에 어울리는 자연을 배경으로 활용해여 '십자가의 길'을 조성한 것입니다. 사실 조성했다기보다는 '찾았다'고 보는 게 맞을 것 같습니다.

기도는 꼭 정해진 곳에서만 할 수 있는 게 아닙니다. 마음의 준비가 되면 어떤 곳에서든 할 수 있습니다. 그 깊이와 집중에 도움이 되는 환경이라면 더 좋을 것입니다. '십자가의 길'의 경우, 14처를 똑같은 환경에 똑같은 간격으로 무미건조하게 늘어놓기보다는 각 처의 내용과 주위 배경을 고려해서 배치하면 좀 더 효과적인 기도를 할 수 있지 않을까 생각합니다.

십자가의 길 제1처(사형선고 받으심). 예수께서 사형선고를 받고 매 맞고 조롱당하며 가시관을 쓰게 됩니다. 이 배경에 보기에도 섬뜩한 기다란 가시의 탱자나무가 심어져 있으면 시각적으로 그 분위기를 생생하게 느낄 수 있을 것입니다. 제4,5,6처는 예수님이 고난의 길에서 어머니 마리아와 십자가를 대신 질 시몬, 피와 땀으로 범벅이 된 얼굴을 닦아줄 베로니카를 만나 잠시 위로를 받는 곳입니다. 이곳에는 화사한 꽃나무나 과실나무가 있어서 부드럽고 편안하면 좋을 것 같습니다.

제3,7,9처에서 예수님은 기진하여 넘어지십니다. 비슷한 체험을 위해 좀 가파르고 돌이 많거나 험한 바닥이면 좋을 것입니다. 예루살렘 부인들을 위로하시는 제8처는 낮은 곳으로 걸어 내려

• 제3처

와 자리를 잡았습니다. 위로받을 사람들은 낮은 곳에 있기 때문입니다.

옷 벗김 당하시고(제10처), 십자가에 못 박히시어(제11처) 십자가 위에서 돌아가심(제12처)으로써 수난의 정점에 다다릅니다. 제12처의 십자가는 가장 높은 곳이 세웁니다. 이 십자가의 예수님은 온 세상을 내려다보십니다. 우리는 이 높은 곳에 매달리신 십자가의 예수를 우러릅니다. 예수의 시신을 수습하여(제13처) 무덤에 묻는(제14처) 대목은 절망의 단계입니다.

제14처는 예수를 믿는 사람들에게는 죽음의 절망에서 삶의 희망이 나옵니다. 여주분원에는 14처에 다다른 곳에 마침 자연 바위 더미가 있어 주님 무덤으로 안성맞춤이었습니다.

샬트르 성 바오로 수녀회 여주분원의 뒷동산에 있는 '십자가의 길'은 이렇게 각 처의 주제와 자연 배경이 잘 어울립니다. 성당 뒤편에서 시작하여 십자가의 길을 따라 청원자의 집 앞으로 내려오면 작은 연못을 만납니다.

예수님을 무덤에 묻고(제14처) 무거운 마음으로 내려오다 보면 연못가에서 어느새 부활하신 예수님이 두 팔을 벌리고 우리를 맞아주십니다. 십자가의 길에서 마지막에 부활하신 예수님상을 모시고 간혹 '제15처'라고 부르기도 합니다.

• 제14처

양평 콜베마을의
아침

2

• 성 정하상 바오로 수도원 성당, 2007. 1. 준공 봉헌

꼰벤뚜알 프란치스코 수도회

가톨릭 수도회의 큰 줄기 중 하나인 작은 형제회(프란치스코회 Ordo Fratrum Minorum)는 아시시(Assisi)의 프란치스코 성인의 영성을 따르는 수도회입니다. 프란치스코 성인의 수도규칙을 따르는 수도회원과 재속 축성생활회원을 '프란치스칸(Franciscan)'이라고 부릅니다. 프란치스칸 가족은 세 갈래로 나눕니다.

먼저 프란치스칸 가족1회는 프란치스코 성인이 창설한, 작은형제회, 꼰벤뚜알 프란치스코수도회(Ordo Fratrum Minorum Conventualium), 카푸친작은형제회(Ordo Fratrum Minorum Capuchin)로 남자수도회입니다. 다음 프란치스칸 가족2회로 여자 관상수도회인 성 클라라 수도회(가난한 자매회 Ordo Sanctæ Claræ)입니다. 그리고 재속프란치스코회와 율수3회, 수도3회가 프란치스칸 가족3회를 이룹니다.

우리나라의 꼰벤뚜알 프란치스코 수도회는 서울 한남동에 한국관구 본부를 두고 사랑의 순교자 성 막시밀리아노 마리아 콜베 사제를 수호성인으로 모시고 있으며, 양평군 서종면 문호리의 성 정하상 바오로 수도원 콜베마을을 비롯해 여러 곳에 분원이 있습니다. 콜베마을에서는 프란치스코 성인과 콜베 성인의 영성을 널리 소개하는 잡지 『성모기사』 등 미디어를 매개

로 전교활동을 하며, 오늘도 세상 속에서 그리스도의 복음을
실행하기 위해 노력하고 있습니다.

문호리 땅

경기도 양평군 서종면 사무소에서 문
호천을 따라 난 길을 거슬러 오르다 보면 남쪽의 야산에 성 정
하상 바오로 수도원 콜베마을이 있습니다. 북쪽에서 진입하
는 북사면의 땅이어서 늘 태양
을 바라보며 진입하게 됩니다.
안으로 들어갈수록 높고 깊숙해
지는데, 오르는 길 옆으로는 개
울이 흐릅니다.

• 위에서 본 수도원, 위성사진

전원주택 단지와 함께 카페 거
리가 있어서 사람들의 왕래가 많
은 두물머리 문호리이지만 마을
로 들어서면 세상의 소음과 완
전히 격리되어 한없이 조용하고
포근합니다. 남쪽으로 들어가며
땅이 점차 높아지지만 비교적 완

만하기에 단을 주어 자연스럽게 영역을 구획하고, 그렇게 생긴 공간마다 의미를 부여합니다. 그리고 그 의미에 따라 건물과 외부공간을 배치하였습니다.

콜베마을 마스터플랜

콜베마을은 피정의집, 성당, 수도원, 작업장으로 구성되어 있습니다.

대문을 들어서 경사로를 오르면 효소 작업장을 지나 피정의 집이 있고, 주차장으로도 쓰는 마당을 지나면 하나 윗단에 성당이 있습니다. 피정의 집과 그 윗단의 수도원 양쪽에서 성당에 쉽게 다가갈 수 있습니다. 여기서 더 올라가면 수도자가 기거하는 사적 생활공간인 수도원이 나옵니다. 외부인에게 닫힌 봉쇄구역입니다. 그 너머는 수도원 뜰, 정원, 산책로 등으로 자연과 연결됩니다.

외부인이 참여하는 프로그램을 수행하는 건물과 외부공간은 입구 쪽으로 위치하고, 수도자가 기거하는 건물과 공간은 가장 안쪽에 위치합니다. 우리의 전통 주택 공간 전개를 보면, 대문 쪽에 행랑채가 붙어 있고, 바깥주인이 외부 손님을 만나는 사랑채는 안쪽으로 들어와 있으며, 더 안쪽으로는 주인 가족이 기거하는 안채가 있습니다. 안채는 외부인을 들이지 않는 사적인 공간입니다. 이와 같은 공간 배치는 그 기능에 따라 위계가 부여됩니다. 관계가 적은 외부인을 안쪽까지 들이면 사생활이 침해될 수 있어 편하지 않기 때문입니다.

건축이란 주변 환경과 서로 영향을 주고받으므로 단순히 집만 짓는 것이라고 할 수 없습니다. 집은 환경을 배경으로 자리 잡으며, 그 배경에 영향을 받습니다. 환경과의 관계와, 그곳에 이르고 머물고 떠나는 동선의 흐름, 공간의 성격과 공간 간의 유기적 연결, 쓰임새, 경관 등 생각할 수 있는 많은 조건을 고려하고 계획합니다. 이런 간단치 않은 관계를 어떻게 계획하는가에 따라 그 집의 성격과 쓸모, 품위가 결정됩니다.

수도원 성당

성당은 프란치스코 성인의 이미지와 문호리의 땅이 조화를 이루는 모습이어야겠다고 생각했습니다. 시골의 투박하고 소박한 성당. 군더더기 없는 단순한 구조에 청순하고 깨끗한 옷을 입은 모습이면 좋겠다고 생각했습니다.

진입하는 길은 북쪽으로 나 있습니다. 흐르는 개울물을 따라 수도원을 향해 들어갑니다. 건축부지는 왼쪽, 즉 개울 동쪽으로 몇 단을 이루며 이어집니다. 입구에서 차 소리가 들리지 않을 만큼 올라가면 효소 공장이 나오고, 거기서 좀 더 올라가면 피정집이 나옵니다. 그렇게 성당과 수도원으로 이어집니다.

성전은 서쪽 마당에 배치하여 제대는 동쪽을 향합니다. 평면은 제단부와 회중석으로 구성된 주 공간과 그 옆구리에 필요한 부속실을 붙인 단순한 구조로 계획하였습니다. 부속실은 제의실과 성체조배실로 배치하였습니다. 제단에 감실을 따로 두지 않고 성체조배실에 감실을 두어, 미사 중 성찬 전례 때에는 성체

• 수도원 전경

조배실에서 성체를 모셔가는 방식을 채택하였습니다.

남쪽인 수도원 쪽 지붕을 들어 올려 부속실 위 고창(高窓)으로 성전에 빛이 들어오도록 하고, 제단의 십자가를 바닥에 세워 이 빛을 받게 하였습니다.

반대쪽 북쪽 벽에는 다양한 모양으로 창을 내어 북쪽 빛이 색유리화를 통하여 은은하게 유입되도록 하였습니다. 이는 교회의 지체인 우리 모두가 각기 다양하고 유일한 존재이지만 하나의 공동체를 이루어 한곳을 지향하며 함께 살아간다는 것을 상

징적으로 보여주고자 한 것입니다.

내부 벽은 순수한 흰색으로 회칠을 하되, 특별한 기법을 시도하였습니다. 각이 살아 딱딱 맞는 솜씨 좋은 미장이가 아닌 아직 서툰 미장이가 정성을 다해 애를 쓰고 공을 들였지만 뜻대로 되지 않은, 그런 투박한 손맛입니다. 그러나 결과는 조금 부족하고 모자랐다고 인정하지 않을 수 없습니다. 아무래도 전문가가 아닌 척한 의도적인 서툶은 금방 드러나는 법인가 봅니다.

•좌 : 성전 전면 / 우 : 성전 후면

• 성전 북측면

좋은 집, 좋은 건축

설계는 수도회의 나승덕 빅토리오(Vittorio Di Nardo) 신부님과 협의하면서 진행하였습니다. 건축을 전공한 이탈리아 출신 수도자로 교회 내 여러 건축 공사에 감독으로 참여한 경험이 있는 분입니다. 함께 설계를 다듬어가면서 경험과 지식을 바탕으로 많은 조언을 해주셨습니다. 아직도 깊이 남아 있는 말씀은 "나의 건축"을 하라는 것이었습니다. 유럽이나 이탈리아의 전형적인 교회 건축을 따라하지 말고 나의 건축을 강조하셨습니다. 나의 건축이란 무엇일까 하는 고민을 하기 시작했습니다. 나의 건축이란 무엇일까?

어떤 집이나 전형적인 형식이나 형태가 있습니다. '성당'이라고 하면 외부는 첨탑에 십자가, 내부는 두 줄이나 네 줄로 장의자를 채운 반듯하고 긴 평면을 연상합니다. 서울에 있으나 부산에 있으나 차이가 없고, 그럼에도 이상함이 느껴지지 않는 자기 얼굴이 없는 그런 '전형적인' 성당이 많습니다. 아마 '나의 건축'이란 그런 전형적인 건축과 다른 건축을 말하는 게 아닐까요. 이 세상 어디에도 없는 유일하고 고유한 건축 말입니다.

집 주인의 상황과 사정, 집 지을 곳의 특성, 사용할 사람들의 성격 등을 고려하면 결코 같은 집을 지을 수는 없습니다. 그 모든 것을 생각하고 고민하고 배려해서 만든 집이 나의 집, 나의 건축이 아닐까 합니다. 콜베마을 성당은 그렇게 만들기 시작해서 완성했습니다. 좀 서툴어도 덜 멋있어도 그 땅의 그 사람들의 이야기가 담겨 있습니다. 그리고 그것을 만드는 건축가의 이야기가 자연스레 스며든 집이 좋은 집이 아닐까 하는 생각이 듭니다.

성미술의 기본 원칙

성당의 성미술은 노틀담 수녀회의 김겸순 마리 테레시타 수녀님이 기획하고 제작하였습니다. 화가인 김 수녀님은 전례 공간에 설치할 성미술 창작에 임하는 기본 원칙을 다음과 같이 이야기합니다.

"첫째, 주님의 말씀에 바탕을 두고, 둘째, 교의에 따른 전례 공간의 고유성에 합당한 창작이어야 하며, 셋째, 건축 설계자의 의도를 존중한다." 그러면서 성미술 작업을 하는 기본자세로 "성경(말씀 따라)을 건축 공간(전례 공간)의 고유성과 뜻에 조화됨을 지향하며 작업한다"고 합니다.

성당의 성미술 작업은 실로 방대합니다. 그럼에도 전체 성미술 작업을 한 사람의 작가가 일관성을 갖고 진행하는 것이 바람직하다고 여기는 경우가 일반적입니다. 전체 분위기와 흐름이 한 작가의 의도와 솜씨에서 나와야 잘 어울리기 때문입니다. 또

개성이 뚜렷한 여러 작가가 공동으로 작업할 경우에는 자칫 조화가 깨질 우려가 있기 때문입니다. 그러나 한 작가의 작품으로 채우기보다 서로 잘 어울리는 여러 작가가 공동으로 작업할 때 보다 다양하고 폭넓은 작품 세계를 경험하게 되기도 합니다.

성미술을 기획하는 단계에서부터 건축설계자와 성미술을 기획한 김겸순 수녀, 그리고 협력작가 조수선 수산나 조각가가 만나, 이 성당에 맞는 답을 찾아내기 위해 머리를 맞대고 논의하고 고민하였습니다. 성당의 제대, 독서대 같은 제단 기물과, 별도로 구획한 성체조배실의 감실과 감실등, 벽면 색유리화와 성전문 등은 주로 김 수녀님의 작품입니다. 수녀님은 "프란치스코 성인

• 좌 : 성전 문 / 우 : 색유리화

의 하느님 찬미에 초점을 두고 작업을 진행했다"고 합니다.

제단 십자가는 조수선 조각가의 브론즈 작품입니다. 조 작가는 "이 수도원을 찾아오시는 분 중 병으로 고통받는 분들이 대부분이라는 이야기를 전해 듣고, 아픔 속에서 외롭게 길을 걷는 분들을 두 팔 벌려 안아주시는 예수님 상을 만들어 아픈 사람들이 위로받도록 하면 좋겠다"는 생각으로 제작했다고 합니다.

장성 성 클라라 수도자의 관상 생활

3

• 수도원 전경, 2005년 완공 봉헌

봉쇄수도원

1212년 프란치스코 성인의 도움으로 클라라 성녀가 창립한 성 클라라 수도회는 프란치스코 성인의 정신과 가르침을 따르며 클라라 성녀의 복음적 가난 정신에 입각한 봉쇄 관상수도회로 가난한 자매회라고도 합니다.

성 클라라 수도회는 한곳에 자리 잡아 생활하는 정주(定住) 수도원입니다. 독일에서 처음 우리나라에 들어와 뿌리를 내린 익산 성 클라라 수도원에서 광주대교구로 분가하여 장성 땅에서 '장성 성 클라라 수도원'을 창설하기에 이릅니다.

봉쇄수도원인 관상수도원에서는 수도자들이 철저히 바깥세상과 단절된 환경에서 생활합니다. 그렇지만 기도와 상담을 통해 보다 긴밀하게 세상과 연결되어 있기도 합니다. 프란치스코 교황이 "관상수도원의 기도는 교회의 버팀목입니다"라고 했듯이 교회 안에서 관상수도회의 역할은 기도라고 합니다. 또한 상담도 중요한 소임입니다. 영적인 어려움이나 나눔이 필요한 신자들은 관상수도원을 찾아 상담을 요청합니다. 봉쇄수도원에서 외부인에게 개방하는 곳은 성당과 상담실(또는 면회실)입니다. 그에 따라 봉쇄선을 긋고 봉쇄구역을 구획합니다.

집 앉히기

　　　장성이 첫 번째 선택지는 아니었습니다. 처음 화순 땅에 마련한 부지를 보고 다소 답답함을 느꼈습니다. 부지는 골짜기에 있어 자연 그대로 외부 간섭이 없고 산으로 둘러싸여 아담하고 포근한 느낌을 받았습니다. 사실 보통 수도원이면 그런대로 괜찮아 보였겠지만 관상수도원의 터전으로는 부족한 곳이라는 생각이 들었습니다. 바깥에 나가지 않고 이곳에만 머물러 지낼 것이기에 무엇보다 환경이 절대적으로 중요했습니다.

· 위에서 본 수도원,
　　위성사진

아침에 일어나 기도하고 일하고 잠자리에 들 때까지 보고 느끼고 생각하고 숨 쉬어야 할 환경입니다. 주변의 간섭이 없어서 조용한 것도 좋지만 자연의 햇볕과 바람, 그리고 무엇보다 시각적인 개방성도 중요합니다. 화순 땅에서는 원경을 볼 수가 없었습니다. 설계자로서 저의 의견을 흔쾌히 받아들인 수녀님들은 바로 화순 땅을 포기하고 새 땅을 찾기 시작하였습니다.

광주대교구 내 여러 땅을 봤습니다. 땅이 새로 나오면 함께 가서 보곤 하였습니다. 그러기를 1년여 만에 장성에서 적당한 땅을 찾았습니다. 장성읍 상오리 장성댐 동쪽으로 마을에서 1킬로미터 들어가는 길의 마지막 땅, 조용하고 조망 깊은 양지바른 땅. 관상수도원의 자리로 알맞습니다.

수도 규칙에 따라 애써 가난하게 살아야 합니다. 집이 언제까지 유지될지도 모릅니다. 그래서 자연 친화적으로 유지하고 관리할 수 있어야 하며, 무엇보다 하느님을 만나고 기도하기 좋은 집을 지어야 합니다. 외부인과 만나는 곳은 제한적이어야 하고, 내부의 삶은 밖으로 드러나지 않아야 합니다.

집은 땅의 생김새에 따라 남쪽을 향하였고, 태양을 향해 열려 있습니다. 처음 집을 대하는 면에 이 집의 정체성을 나타내는 데에 집중하였습니다. 봉쇄수도원은 외부인과 마주할 수 있는 장소가 극히 제한적이기 때문입니다. 안쪽으로는 관상생활에 필요한 정온 마당을 두고, 건물은 ㄷ자로 정온 마당을 감싸 안도록

• 뒷산에서 본 수도원 전경

하였으며, 뒷마당은 뒷산으로 이어지는 활동 마당으로 닦았습니다. 성당 제대를 동쪽을 향하게 놓고 안마당을 건너 서쪽에 밭을 갈아 "기도하며 일하라!"(ora et labora!)는 지침대로 일터로 삼았습니다.

수도회 정신인 '가난'을 염두에 두고 자연, 검소, 소박, 깨끗함 등을 건축개념으로 설정하였습니다. 그래서 내외부 공간 구성과 건축 구조, 재료 사용 등을 결정할 때 그러한 정신을 충분히 고려하고 반영하였습니다.

• 수도원 내 회랑과 안마당

성당

관상생활을 하는 수도자들의 가장 중요한 공간은 역시 성당입니다. 성체 흠숭에 각별한 클라라 성녀의 신심을 따라 성 클라라 수도회 수도자가 가장 많은 시간을 보내는 곳도 당연히 성당입니다. 보통 길어야 3시간을 넘지 않고 성당에 함께 모여 기도하는 시간을 갖습니다.

따라서 성당은 집중하기 좋도록 제대를 중심으로 부채꼴 형태로 계획하였고, 꼭 필요한 것 외에는 어떤 장식도 배제하였습니다. 밝고 쾌적한 분위기에서 관상할 수 있도록 거의 흰색 계열의 색을 채택하였고, 창문을 많이 설치하여 자연스럽게 채광과 환기가 되도록 하였습니다. 그렇지만 집중을 위해서 신자석에서는 창문이 보이지 않도록 하였고, 제대에서만 보이도록 설계하였습니다.

성당은 수도자들만이 아니라 일반 신자들에게도 열려 있는 공간입니다. 수도자석과 일반 신자석이 서로 보이지 않아야 한다는 봉쇄수도원의 규칙에 따라 그 사이에 제의실을 설치하여 두 공간을 구분하였고, 각각 제대를 향해 펼친 부채꼴 형태로 설계하였습니다.

수방

복음적 가난을 지향하는 이 수도회의 수방(修房)은 정말 가난하게 계획하였습니다. 잠자리, 기도하고 책 읽을 작은 책상, 옷장, 세면대가 들어가는 최소한의 면적으로, 2×6미터의 좁고 긴 방을 모두 남쪽을 향하게 하는 편복도 방식을 채택하였습니다. 대신 남쪽 면은 큰 유리창과 발코니를 두어, 자연 채광과 환기가 용이하도록 하였습니다.

현대건축의 거장 르 코르뷔지에의 라투레트 수도원(Couvent de la Tourette)처럼 가난하고 단순한, 그러나 품위 있는 공간 개념

• 수방

을 적용하였습니다. 많은 건축가들이 스승으로 여기는 르 코르뷔지에에 대한 오마주(hommage)입니다. 수녀님들도 이러한 건축 개념을 몹시 마음에 들어 했습니다.

수도원 외관은 기본적으로 필요한 것만으로 드러나도록 표현하였습니다. 순결을 상징하는 흰색으로 회반죽을 발라 외벽을 마감하였고, 성당 제단부 외관은 베일을 쓴 클라라 성녀의 모습을 단순화·직유화해서 신자석의 수도 가족들을 바라보게 하였습니다. 그리고 서쪽으로 난 높은 창을 통해 하늘빛이 제단부를 비추도록 하였습니다.

• 야외 성전

• 복도

진입부에서 보게 되는 수도원의 첫인상은, 클라라 성녀를 형상화한 성당 제단부를 배경으로, 녹슨 쇠로 만든 프란치스칸 상징인 타우(T) 십자가와 콘크리트 제대가 놓인 야외성전입니다. 단순하고 장식 없는 장면으로 프란치스코 성인과 클라라 성녀의 복음적 가난에 대한 정신을 느낄 수 있도록 연출하였습니다.

수도원 내부는, 공동생활 공간과 개인 생활공간, 그리고 사무 및 공용공간 등 기능에 따라 층별 또는 블록 별로 배치하였습니다. 각각의 부분을 지나는 복도는 서로 다른 고유한 모양의 아치로 구분하여 변화를 주었습니다. 수도원에서 복도란 단순한 이동 공간만이 아니기를 기대하면서 정성을 들였습니다. '간다' 혹은 '걷는다'는 것은 목적지가 있을 수도 없을 수도 있습니다. 다만 늘 주님을 염두에 두고 생활하는 수도자들이기에 '하느님을 향하여 나아간다.' 또는 '주님과 함께 걷는다.'는 의미를 부여하고자 한 것입니다. 좋은 분과 함께라면 목적지가 없어도 함께 걷는다는 그 자체가 좋은 게 아닐까요?

성미술

　　성전의 제단 기물은 김겸순 마리 테레시타 수녀의 작품입니다. 김 수녀님은 함께 생활하는 공동체 수녀들의 마음의 일치를 위해 성 클라라 수도회의 영성에 초점을 두고 작업하였다고 합니다. 제대, 독서대, 감실은 익산 대리석을 다듬어 제작하였습니다. 제단 십자가는 청동으로 십자고상을 만들어 바닥에 세웠습니다. 조광호 신부님의 작업입니다. 외부에도 성물을 제작해서 배치했습니다.

　수도원 성당의 외벽을 배경으로 한 야외성전의 제대 십자가는 이 집을 설계한 건축가의 작품입니다. 건축의 설계개념에 맞춰 단순하고 상징적인 이미지로 디자인하였습니다. 준공 후 얼마 있다가 옥외 '십자가의 길'을 조성하게 되었습니다. 그렇지만

• 제단

예산이 충분치 않아서 14처 조형물은 수녀원 정신에 맞게 매우 저렴하게 만들었습니다. 바윗돌에 각 처의 상징 이미지를 새기는 방식으로 진행하였는데, 수도원의 어느 은인이 기부한 돌 위에 건축가가 고안한 디자인을 새겼습니다.

입구 대문에서부터 봉쇄구역 밖 진입로를 따라 숲을 드나들도록 십자가의 길을 조성하였습니다. '십자가의 길'의 마지막 부분은 야외성전으로 연결되도록 하였습니다. 야외성전의 빈 십자가와 제대가 각각 제13처, 제14처를 대신합니다.

• 좌 : 십자가의 길 제4처
• 우 : 십자가의 길 제9처

진입 정원에는 조광호 신부님이 제작한 관세음보살을 닮은 성모자상이 있습니다. 우리네 어머니 같은 얼굴과 표정이 편안하고 넉넉한 모습입니다.

한국가톨릭미술가회 조각가 조수선 수산나 자매의 피에타상도 정원을 장식하고 있습니다. 성모님과 그 품에 안긴 예수님의 주검은 한 몸처럼 보입니다. 작가는 어머니의 마음을 깊이 생각하였다고 합니다. 죄 없는 아들을 보내야 하는 어머니의 아픈 마음을 생각하니 더 한 몸처럼 해야겠다는 생각을 했다고 합니다.

• 좌 : 성모자상 / 우 : 피에타

고양 마리아니스트의 삶의 터전

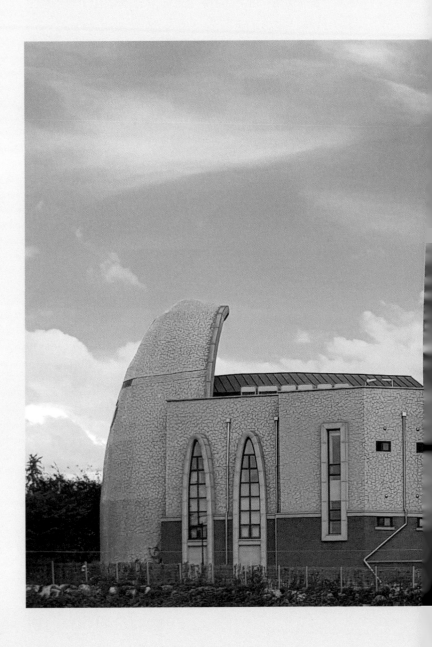

4

• 수도원 전경, 2014년 9월 준공 봉헌

마리아 수도회

마리아니스트라고도 불리는 마리아수
도회는 복자 기욤 조셉 샤미나드(B. Guillaume Joseph Chaminade,
1761~1850) 사제가 창립한 수도회로 예수님의 구원사업에 적극 협
조하여 현실 속에서 마리아의 삶을 살아가려는 수도 공동체입
니다. 우리나라에는 1960년에 들어와 교육, 복지, 선교 사업을
하고 있습니다. "무엇이든지 그분이 시키는대로 하시오"(요한 2,5)
라는 모토 아래 남자수도회인 '마리아 수도회', 여자수도회인
'마리아의 딸 수도회', 평신도 공동체인 '평신도 마리아니스트
(MLC)'로 구성된 한국 마리아니스트 가족은 마리아를 세상에 널
리 알려 사람들이 마리아를 사랑하도록 열심히 봉사하는 사도
직을 하고 있습니다.

언덕 위의 수도원

서울 북서쪽 고양시 토당동, 능곡 평야 한
가운데에 보르매산이라는 주변에서 가장 높은 동산이 있습니
다. 이곳은 삼성당이라는 지명이 말해 주듯 토속신앙의 분위기
를 물씬 풍기는 예사롭지 않은 땅입니다. 꼭대기에는 오래된 느

티나무가 이 땅을 지키며 오랜 역사를 기억합니다.

주변 사방 1.8킬로미터는 전통 촌락의 주거지역과 전답으로 이루어져 있습니다. 남쪽으로는 행주산성과 개화산이 보이고, 동쪽으로는 멀리 북한산이 보입니다. 바람이 시원하게 통하고 따스한 햇볕이 내리쬐는 전망이 좋은 곳입니다. 이곳이 바로 마리아 수도원을 세운 곳입니다. 서울외곽순환도로와 제1,2자유로가 교차하는 동북 사분면 높은 곳에 위치하여 동서남북으로 달리는 자동차들에게 랜드마크 역할을 하며 그 존재감을 드러냅니다.

• 앞 길에서 본 수도원

• 수도원 전경

건축 설계 의도

성당은 외부인의 접근이 쉽도록 개방적이어야 하므로 바깥쪽에 앉히고, 수도원은 내부 수도자만 사용할 수 있는 폐쇄적인 공간으로 구획하여 안쪽에 배치하였습니다.

진입로에 들어서면 비교적 급한 경사로와 더불어 주차장과 식당으로 쓰는 건물이 나타납니다. 부지가 경사면이어서, 식당과 주차장 두 개 층은 지하층으로 되어 있지만, 앞면은 외기에 면해 있고 뒷면은 땅속에 접해 있습니다. 이렇게 지하층이면서도 지상층처럼 외기에 면할 수 있는 것은 경사 지형의 많은 난점을 극복하는 장점이라 할 수 있습니다.

• 수도원 설계 모형

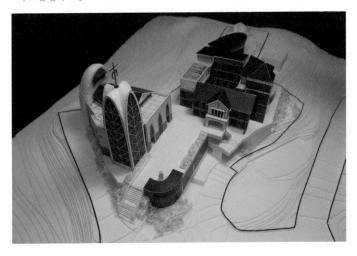

• 성전 정면

　느티나무를 지나면 네 면을 각각 포물선 아치로 구성한 21미
터 높이의 종탑이 모습을 드러냅니다. 근처 도로와 철로를 지나
는 차량과 행인들의 시각적 랜드마크가 되어 이정표 같은 역할
을 하고 있습니다.

• 성전 내부

• 제단부

　주 진입 계단에 올라서면 오른쪽으로는 식당으로 내려가는 계단실 벽을 배경으로 성모상이 있으며, 정면은 수도원, 왼쪽은 성당의 주 출입구가 있는 마당에 들어섭니다. 성당 정면은 출입구를 포함하여 세 개의 포물선 아치로 구성하였습니다.

　성당 내부는 천장과 벽, 대리석 바닥까지 단순한 형태와 흰색의 색감으로 마감하여 티 없이 맑고 순수한 성모 마리아의 이미지를 반영하였고, 그런 바탕 위에 제단 기물과 14처 등을 성미술로 마무리하였습니다.

수도원 내부에는 중정을 설치하여 채광과 환기가 원활하도록 하였으며, 사무실, 도서실, 출판실 등 공용시설은 1층에, 때에 따라 외부인이 사용할 수 있는 경당은 2층에 배치하였습니다. 수도 가족 간의 나눔의 장소이기도 한 식당은 별동으로 설계했는데, 후원을 개방하여 쾌적하고 즐겁게 식사를 할 수 있도록 하였습니다. 그리고 수방은 공용부분과 분리하여 2,3층 동향과 중정 방향의 남향으로 배치하여 수도자들의 사생활과 채광, 환기가 원활하도록 계획하였습니다.

• 수도원 식당

성모 마리아의 이미지

성당의 전체적인 이미지는 성모님의 모습입니다. 사실 건축 형태로 자연이나 사람의 형상을 직유적으로 표현하는 것은 다소 모험적인 요소가 있습니다. 예를 들면, 서울 서초동에 있는 '예술의 전당' 지붕을 갓 모양으로 차용한 것에 대해 많은 논란이 있었습니다. 상징성이나 스케일, 미학적인 면에서 적정한가 하는 문제가 있는 것입니다.

베일을 쓴 성모님의 이미지를 형상화하여 수도원 성당의 제단부 외관으로 채택한 것도 사실 모험이었습니다. 그러나 건축적으로 논쟁거리를 만들기는 했지만 이런 구상을 채택한 이유는 인지성을 고려한 것입니다. 빠르게 지나가는 길에서 언뜻 보아도 누구나 쉽게 성모님을 인식하게 하고자 했던 것입니다.

교회미술은 예로부터 표현방법에서 추상보다는 구상을 선호해왔습니다. 중세 때에는 문맹률이 높은 평민들에게 성경 내용을 전달하기 위해 성전 창의 스테인드글라스에 성경 구절을 그림으로 표현해서 큰 효과를 거두었는데, 아마도 그런 흐름이 아닐까 생각합니다.

이 상징적인 모습을 기하학적으로 가장 아름다운 포물선을 아치 형태로 표현하였습니다. 이 포물선 아치는 성당의 출입구나 창문에도 반복하여 사용했습니다. 성모 마리아의 어머니 같

• 제단부 외관

은 부드러운 이미지를 구성하는 제단부의 모습은 2차 곡면입니다. 한 방향뿐 아니라 사방이 곡면으로 이루어져 있습니다. 이를 자연스럽게 구현하기 위해 타일을 조각내어 불규칙적으로 붙이는 공법을 적용하였습니다.

곡면의 마감 재료는 매우 제한적입니다. 깨진 타일은 이미 일반인들도 많이 보았을 법한 교과서적인 재료입니다. 성가정성당(Sagrada Familia)으로 유명한 스페인의 건축가 안토니 가우디(Antoni Gaudi, 1852~1926)의 작품 구엘공원(Parc Güell)에서 보듯이 이미 널리 사용되고 있는 검증된 재료입니다.

그렇지만 이 재료를 사용하는 건 쉽지 않은 일입니다. 타일공의 눈썰미에 좌우되는 일이기 때문입니다. 여기에 사용하는 깬 타일은, 규격이 일정하여 정해진 대로 시공하는 재료가 아니고 전부 제각각 다른 모양을 하고 있기에 타일을 붙일 때 연속되는 모양을 감각적으로 맞추어야 합니다. 사실 이런 데에 또다른 맛이 있기도 합니다.

성미술 이야기

성미술 디자인은 수도원의 식구인 김창섭 바오로 수사가 솜씨를 발휘하였습니다. 특히 성전 내부 벽면의 십자가의 길 기도 14처는 화면 열 네 개로 연속되는 배경을 바탕으로 각 처를 표현하였습니다. 철판을 독특하게 가공한 작품으로 검박한 성전 벽면에 잘 어울리는 작품입니다.

김 수사는 "모든 미술작품에는 시선의 흐름이 있고 주제를 향한 강력한 방향성이 내포되어 있다. 14처 각 처는 각각 개별 사건이 아니라 '인류 구원'이라는 주제를 향한 유일한 여정 속에서 나온 하나의 요소임을 시선의 흐름, 방향성을 통하여 강조하고자 했다"고 작업 의도를 밝힙니다. 수도원 기도방과 봉안당 경당 벽에는 김 수사의 14처 연작이 계속 이어집니다.

세 개의 포물선 창에도 추상적 무늬를 넣고 금속판 스크린을 반쯤 뚫어서 빛을 조절할 수 있도록 하였습니다. 포물선 아치 창문과 색유리로 이루어진 성전문, 그리고 노 젓는 방주의 모습을 형상화한 천장의 고측창(Clerestory)을 통하여 들어오는 자연 채광만으로 성당 내부를 적당히 밝힐 수 있도록 하였습니다.

• 상 : 기도방 14처 / 하 : 성전 14처

제3장

세상 속의 아버지 집

제2차 바티칸 공의회 이후, 구원은 교회 안에서만 일어나며, 평신도의 세속적 삶은 신앙과 분리된다는 '제도주의적 교회관'(Church as institution)은 크게 바뀌었습니다. 「인류의 빛」(교회에 관한 교의 헌장Lumen Gentium)에 따르면 "교회는 곧 하느님과 이루는 깊은 결합과 온 인류가 이루는 일치의 표징이며 도구이다"(1항)라며 교회를 세상과 인간의 구원을 위한 성사(聖事, Sacramentum)라는 틀 속에서 이해하고 있습니다. 이러한 입장에서 보면 세상은 하느님의 사랑을 드러내는 구체적인 장소가 됩니다. 따라서 교회의 본질도 한마디로 '친교'(Communio)로서의 교회가 됩니다. 그리스도를 중심으로 하는 하느님 백성의 수평적 교회를 천명한 것입니다.

나아가 교회의 위기에서 태동한 시노달리타스(Synodalitas, 하느님 백성이 함께 걸어가는 여정)에 따르면, 교회는 개별 지역 교회에서 시작된다고 합니다. 이는 곧 다양한 하느님의 백성에서부터 시노달리타스가 시작된다는 의미로 해석할 수 있을 것입니다.

성령의 다양한 열매처럼 원숙해진 우리 교회의 지체들은 이제 다양한 사업을 벌이고 있습니다. 기존의 틀에 머물지 않고 새로운 길과 방식을 부단히 생각하며 미래의 모습을 찾아나갑니다. 언제 올지 모르는 신랑을 기다리며 등을 밝히는 신부처럼 현실에 안주하지 않고 늘 깨어 있으며 새로운 길을 모색하는 모습은 우리의 희망입니다.

우리는 어떤 활동을 하든 그에 맞는 옷을 입습니다. 운동할 때에는 운동복을 입고 누군가의 결혼식에 축하하러 갈 때는 멋지게 차려 입고 갑니다. 운동복을 입고 결혼식에 가서 축하의 말을 건네면 모두가 이상하게 여길 것입니다. 건축도 그렇습니다. 도서관에서 음악 활동을 할 수 없으며, 시끄러운 경기장에서 집중력이 필요한 공부를 하기는 어렵습니다.

어떤 활동을 한다면 그 기능에 걸맞는 공간이 필요합니다. 바꾸어 말하면, 프로그램이 없으면 건축은 성립될 수 없습니다. 아무런 계획 없이 무작정 집을 지을 수 없다는 것입니다. 교회 안에 다양한 기능을 수행하는 집들이 있습니다. 따라서 각각의 목적에 부합하는 프로그램과 지향점 등을 고려하여 그 기능에 맞게 살아 움직이는 집을 만드는 것이 바람직합니다.

속초 청호동성당은 본당 식구들만을 위한 성당이 아닙니다. 관광객이 많이 찾는 지역의 특성을 고려하였으며, 더 나아가 미래의 신자를 대상으로 전교를 하는 목적도 있습니다. 그래서 본당 신자들은 물론 집 떠나 휴가 온 신자들과 천주교에 관심 있는 이들이 하느님의 사랑과 평화를 느끼고 갈 수 있도록 하는 데 초점을 맞추었습니다.

그런 의도가 있기에 성당 건축도 하느님 나라를 향해 항해하는 신앙 선단을 회랑으로 묶어 함께 나아가는 형상으로 구성하였습니다. 휴가 중에 색다른 마음으로 미사에 참여한 성당, 웨딩 사진 촬영의 배경이 된 매력 있는 성당으로 깊은 인상을 심어주지 않을까요?

인천가톨릭대학교의 조형예술대학은 미술대학의 명문으로 확고하게 자리 잡아 가고 있습니다. 소통과 융합이라는 모토로 건축 개념을 설정하여 아트리움을 통한 동질감과 소통을 느끼도록 조성하였습니다. 강의실과 실기실은 이 아트리움을 향하여 열려 있습니다. 수업을 받거나 작업을 하러 이동할 때 모든 동선이 아트리움을 통해야 합니다. 이를 통하여 동질성과 소속감, 더 나아가 소통의 매개가 되도록 의도하였습니다.

춘천교구는 교구 설정 후 80년, 이제 교구 차원에서 많은 사람이 모일 수 있는 공간의 마련을 더 미룰 수 없게 되었습니다. 교구 중심의 교육, 회의, 모임 등 다양한 프로그램을 수행할 다목적 공간을 건립하기에 이르렀습니다.

춘천 가톨릭회관의 건축 프로그램은 다양한 포용성이 콘셉트입니다. 교회 내에서 이루어지는 모든 모임과 행사, 교육, 영적

활동 등을 큰 불편 없이 수용하는 것이 목표입니다. 교회 안의 교육 프로그램에서 숙박이 가능하도록 하였고, 일일 교육이나 피정 또한 차질 없이 진행하여 뜻한 바 목적을 달성할 수 있도록 필요한 시설들을 구비하는 것도 충분히 고려하였습니다.

이렇게 다양한 목적을 가진 교회의 지체를 경험해보시기를 권합니다.

바다의 별,
청호동성당

1

• 2015년 준공 봉헌

속초
청호동성가정성당

    청호동성당은 바닷가라는 특성을 살려 '하느님 나라를 향해 세상이라는 바다를 항해하는 배'로 주제를 선정하였습니다. 청호동성당의 수호가 성가정임을 고려해 예수 마리아 요셉이 이루는 '성가정 선단(聖家廷船團)'으로 구체화하였습니다. 시기적으로 성가정이 중요한 때는 예수님의 어린 시절입니다. 성모님의 품에 안긴 아기 예수와 성모자를 보호하는 아버지의 존재가 부각되는 시기입니다.

    이를 건축 배치 개념에 도입하였습니다. 본당 건축의 기능은 성당과 교육관, 즉 기도의 집과 나눔의 집으로 크게 구분됩니다. 신약의 가장 큰 두 계명인 '하느님 사랑'과 '이웃 사랑'의 의미입니다. (마태 22:34-40. 마르 12,28-34. 루카 10,25-28 참조) 성당은 아기 예수님에 해당하는 성체조배실과 아기 예수님을 안은 성모님인 성전으로 구성되며, 교육관은 성모자를 보호하는 요셉 성인을 상징합니다. 이렇게 아기 예수를 가운데 두고 성모님이 아기 예수를 감싸 안고, 요셉 성인이 그 모자를 지켜주는 형상이 완성됩니다.

고요마당과
기쁨마당

　　청호동성당 입구에는 종탑이 있습니다. 멀리서 성당의 위치를 알려주는 랜드마크이자 얼굴 역할을 하고 있습니다. 종탑은 또한 등대를 상징합니다. 등대가 뱃사람들에게 길잡이 역할을 하듯, 성당이 세상 사람 삶의 길잡이 역할을 한다는 상징입니다. 등대 종탑은 이 외에도 여러 가지 기능을 가지고 있습니다. 6층 높이 정도의 종탑 꼭대기에 오르면 동쪽으로는 동해 바다가 보이고 서쪽으로는 설악산 울산바위가 보입니다. 당연히 속초 시내, 청초호, 영랑호 등 주변의 경치를 내려다보며 명상할 수 있는 전망대가 됩니다. 종을 달아 삼종을 알리는 것도 좋겠습니다.

　종탑 하부를 통과하면 성전 앞마당인 '고요마당'에 들어서게 됩니다. 고요마당은 이름에서도 느낄 수 있듯이 세속과 성역의 구분이자 연결 공간입니다. 세상에서 열심히 살다가 기도하러 성전으로 들어가는 중간에 옷차림을 가다듬고 마음을 추스르는 공간입니다.

　'고요마당'은 세상과 상징적 차이를 주기 위해 길에서 몇 계단 올라가게 하였습니다. 그렇게 '고요마당'에 이르면 단정하게 네모난 공간을 회랑이 감싸 안습니다. 회랑은 공간의 성격을 구분

하되 구속되지는 않게 하는 장치입니다. 지붕이 있으나 벽은 없고 기둥만 있습니다. 따가운 햇볕과 눈비를 막아주어 아무 때나 통행이 용이하고 묵상하기에 좋은 장치입니다. 각 기능을 하나로 엮어주는 것은 회랑입니다. 각 동을 서로 연관 지어 동선을 유도함과 동시에 기도하는 공간으로 들어가는 준비 공간을 구획해줍니다.

이렇게 기도하는 분위기의 '고요마당'이 전면에 위치하는 반면, 성당 뒷마당에는 '기쁨마당' 즉 나눔과 화합의 마당이 있습니다. '고요마당'이 정적이고 정제된 공간이라면 '기쁨마당'은 동적이며 감성적이고 다양한 나눔 프로그램을 담는 다목적 공간입니다. 이 공간에 어울리도록 자연스러운 조경계획도 뒤따릅니다.

• 고요마당

• 고요마당과 기쁨마당 전체 조감

　이 기쁨마당에서 열리는 본당의 날, 성모의 밤, 바자회, 구역 모임 야외 행사, 어르신을 위한 잔치 한마당, 청소년을 위한 공연, 관광객을 위한 한여름 밤의 콘서트 등 풍성하고 다양한 기획은 나눔과 전교 마당이 될 것입니다. 그리고 날씨에 따라서는 주변에 살고 있는 어르신들이 편안한 마음으로 찾을 수 있는 한가한 공원이 될 것이고, 신자들에게는 조용한 '십자가의 길 정원'이 될 때도 있을 것이며, 또 필요할 때는 보조 주차장이 될 수도 있을 것입니다. 모두에게 기쁨을 주는 마당이라는, 기능에 충실한 공간입니다.

성경을 상징하는 건축

종탑 밑으로 고요마당에 들어서면 성전과 성체조배실이 서로 마주보는 형상으로 자리 잡고 있습니다. 지붕 경사가 서로를 향해 기울어 있습니다. 성모 마리아를 상징하는 성전과 아기 예수님을 상징하는 성체조배실이 모자처럼 서로를 사랑으로 마주보는 평화로운 모습을 형상화하고자 한 것입니다.

두 건물의 벽은 창문 없이 아주 단순하게 깨끗이 처리하였습니다, 이처럼 강렬한 단순미로 표현한 벽면에 성가정을 상징하는 부조를 설치하여 마무리 하였습니다.

성전과 성체조배실은 크기 차이가 많이 나서 파사드(정면부)를 조성하는 데 애를 먹었습니다. 성전은 크고 성체조배실은 작습니다. 어느 하나가 앞에 서고 다른 하나가 비켜서기에도 마땅치 않습니다. 그래서 성전과 성체조배실의 정면을 한 단계 뒤로 물려 공동 입구가 되는 홀을 중심으로 입구를 설정하였습니다.

이 입구는 회랑과 연결되는 아케이드로 개구부를 일곱 개 내었습니다. 이는 '일곱 성사' 또는 '성령칠은'(聖靈七恩)을 상징합니다. 개구부의 세모 아치 모양은 성 베네딕도회 왜관 수도원의 알빈(Alwin Schmid, 1904~1978) 신부님이 설계한 김천평화성당의 일곱 짝 성전문을 오마주한 것입니다. 알빈 신부님은 1937년부터 우

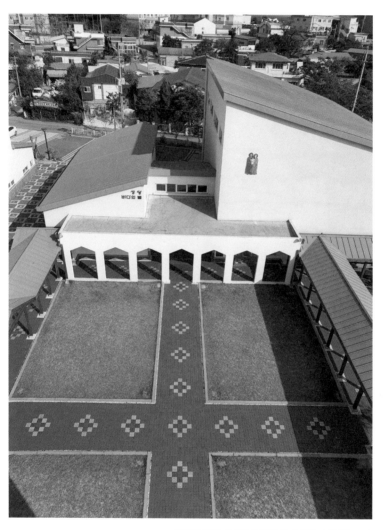

• 성전(성모)과 성체조배실(성자)이 서로 마주보는 모습

• 일곱 문

리나라 방방곡곡에 185개의 성당과 공소를 설계하였습니다.

성당 홀에 들어서면 마주 보는 동쪽 창이 세 개로 나뉘어 있고, 세 창 사이의 기둥은 천장을 향해 방사형으로 뻗어 올라가면서 투시 효과를 내어 실제보다 더 멀리 보이게 됩니다. 이 세 개의 창은 삼위일체를 상징합니다.

• 성당 홀의 성삼위창

• 성전 내부

성전 내부로 들어가면 성전의 오른쪽(남쪽) 벽을 보게 됩니다. 이 벽에 있는 네 개의 기둥은 미려한 곡선을 그리며 천장으로 퍼져나갑니다. 이는 네 복음서를 상징합니다. 복음이 이 세상에 퍼져나간다는 뜻입니다.

성체조배실은 성전 홀을 건너 성전과 마주보고 있습니다. 성체조배실 문을 열고 들어서면 좁은 복도가 나옵니다. 길지 않지만 복도를 지나 왼쪽으로 돌아서면 비로소 성체조배실이 펼쳐집니다. 짧은 거리이지만 주님을 마주하기 위하여 잠시라도 마음의 준비를 하기 위해 부여한 공간입니다. 이렇게 성체조배실에 들어서면 감실은 마주보이는 코너에 안치되어 있습니다.

성체조배를 하는 신자는 감실을 향하여 방사형으로 자리하게 됩니다. 감실은 은은한 간접 조명을 배경으로 스포트 조명을 받아 시선을 집중시킵니다. 감실 뒷벽은 역시 천장으로 올라가며 세 개의 면으로 나뉘어 조배실의 천장을 이룹니다. 세 개의 면은, 성삼위 또는 예수 마리아 요셉의 성가정, 또는 그리스도가 남긴 교회의 세 가지 직무인 예언직, 사제직, 왕직(마태 28,18-20 참조)을 상징합니다.

성미술로 마무리 되는
성전

성미술은 하느님을 찬미하고 찬양하는 신자들의 마음을 표현하는 매개입니다. 또한 전례와 영성에 도움을 주는 역할을 합니다. 제단부의 제대, 독서대, 십자고상, 감실 등에서부터 성전 내부 14처, 성수대, 성전 창이나 문 등을 성서적 사건이나 상징으로 아름답게 장식합니다. 또한 외부에 성당 십자가나 종탑 십자가, 외부 14처 등 필요한 곳에 성상이나 상징물을 배치함으로써 성전 건축을 마무리합니다.

설계 초기부터 노틀담 수녀회의 김겸순 마리 테레시타 수녀와 김형주 이멜다 화백 등 성미술 작가를 선정하여 함께 논의하며 준비하였습니다. 제단 십자고상은 조재구 율리오 조각가의 작품인데, 예수님의 오른 팔이 아래로 내려져 있습니다. 멜리데라는 작은 성당에서 유래하여 '멜리데 십자고상'이라고 불립니다.

어느 사제가 맨날 똑같은 고해를 하는 신자에게 용서를 거부하자 십자고상의 예수님이 못 박힌 오른 팔을 빼어 그 신자를 직접 용서하시며, 사제에게 "내가 용서한다. 그를 위하여 피를 흘린 것은 네가 아니다"라고 말씀하셨다는 이야기가 전해지는 십자고상입니다. 오세민 루도비코 주임신부님이 요청하여 제작하였습니다.

• 제단부

제단 위 제대, 독서대, 주수대, 사제석, 복사석, 부활촛대 등은 모두 김 수녀님이 디자인하여 목재로 제작하였습니다. 성전문, 성전 안의 각 방문도 김 수녀님의 작품인데, 청호동성당의 수호 인 성가정을 이미지로 한 작품 모두를 부드럽고 따뜻한 느낌이 나도록 작업하였다 합니다.

종탑의 십자가와 개구부의 장식창, 성전 외벽의 성가정 부조,

성전의 색유리화와 14처, 감실은 김형주 작가의 작품입니다. 종탑을 오르면서 창문에 새겨넣은 올리브 가지와 바다의 별을 장식한 작품을 보면 행복하고 평화로운 하늘나라로 올라가는 천국의 계단을 연상하게 됩니다.

• 종탑 장식창

축성식과 뒷얘기

2015년 여름 천주교 춘천교구 청호동성
당을 신축 완공하여 교구장 김운회 루카 주교님의 주례로 성전
축성 미사를 봉헌하였습니다. 주교님은 강론에서 오세민 루도
비코 주임신부님의 노고와 그 어머님에 관한 말씀을 하셨습니
다. 아들 일곱 중 막내 오세민 루도비코 신부를 포함하여 넷을
사제로, 고명딸을 수도자로 길러낸 이춘선 마리아의 이야기였
습니다.

이 마리아 어머니는 성당 신축 현장의 건너편 아들 신부의 사
제관에 살면서 매일 현장을 바라보며 성전이 잘 지어지기를 혼
신을 다하여 기도하셨습니다. 그러나 안타깝게도 성전 완공을
보지 못하고 2015년 봄, 94세를 일기로 선종하셨습니다.

김 주교님은 어머니의 삶의 여정과 그 마음을 기억하고 기념
하기 위해, 성당의 수호를 '성가정'에서 어머니의 세례명인 마리
아의 별칭 '바다의 별'(Stella Maris)로 변경함을 선포하셨습니다. 저
도 어머니에게서 편지를 받았는데, "누가 보더라도 살아계신 하
느님의 현존을 느낄 수 있게 설계를 해주세요"라는 부탁을 하셨
습니다.

• 성당 야경

인천가톨릭대학교
송도 조형예술대학

• 학교 전경, 2010년 7월 준공 봉헌

인천 송도 국제도시 한가운데에 채 5천 평이 되지 않는 학교 부지가 있습니다. 아담하다고 할 수 있지만 대학 캠퍼스 치고는 상당히 좁습니다. 바다를 메워 만든 땅으로, 한눈에 들어오는 네모반듯한 평범한 땅입니다.

2005년 이 땅에 인천가톨릭대학교 조형예술대학을 신축한다는 공모전이 열렸고, 저는 여기에 참가해서 당선이라는 영광을 안았습니다. 그렇게 설계를 진행하여 2010년에 공사가 완료되어 하느님께 봉헌하였고, 2011년에는 인천시에서 건축상 장려상을 받았습니다.

미래를 지향하는 미술대학

서로 다른 생각을 가진 사람들이 복잡한 세상에서 함께 살아가려면 무엇보다 상호 이해가 필요합니다. 그렇게 서로를 잘 이해하기 위해서는 '소통'을 해야 합니다.

예술 분야에서도 시대적 흐름에 따라 하나의 방법만을 고수하지 않고, 이웃 전공 또는 여러 다른 분야와의 융합과 소통을 통해 기존의 경계를 허물어뜨리는 경향이 새롭게 떠오르고 있습니다. 그래서 이 프로젝트의 주제를 '소통'으로 설정하였습니다. 학생들이 공부하는 학교는 하느님 백성으로서 '세상 속에서

• 바깥마당에서 본 학교 행정동

함께 살아가는 교회'와 다르지 않기 때문입니다.

좁은 부지를 좁은지 모르게 쓰는 방법, 소통을 위하여 하나로 열려 있는 공간 연출, 고정적으로 구획된 공간을 유연하게 변화할 수 있는 공간으로 만드는 방법, 이 세 가지를 이 프로젝트의 열쇠로 여기고 해법을 찾아나갔습니다.

이 학교의 공간은 크게 미술 교실 즉 강의와 실기를 위한 학생들의 공간과 교수 연구실이 있는 교사동, 학교 행정을 수행하는 행정동, 대규모 집회가 이루어지는 대강당 겸 성당, 세 덩어리로 이루어집니다.

우선 행정동으로 땅을 반으로 나누어 바깥마당과 안마당을 구성했습니다. 우리의 전통적 공간 나누기에 따라 외부공간을 구획하는 방법입니다. 또한 안마당에 한 개층 정도를 성토해서 인공대지를 만들었는데, 지면의 높낮이를 달리해서 입체적 변화를 주려고 한 것입니다. 아울러 지하층을 성토 부분에 집어넣어, 현지면 이하로 내리지 않으려는 의도도 있었습니다. 이러한 설계는 부지가 바다 매립지여서 지면 이하로 바닷물이 드나들기 때문에 침수나 해수의 영향에서 가급적 멀어지기 위함입니다.

땅의 이용 전략

대학은 학생과 교수진, 그리고 관리자인 교직원이 주된 구성원입니다. 그 밖에 대학의 교육적·사회적 역할에 따라 다양하고 많은 사람과 관계를 맺고 있습니다. 각종 연구 및 강좌에 참여하는 사람들, 전시나 발표를 관람하러 오는 사람들, 또 여러 일을 하러 오는 사람들처럼 다양한 관계의 다양한 사람들이 드나듭니다.

이런 복잡하고 다양한 관계 속에서 학교의 모든 프로그램을 순조롭게 진행하기 위해서는 무엇보다 운영이 합리적이고 효율적이어야 하겠지만 하드웨어인 학교 시설도 뒷받침되어야 합니

• 교내 안마당1

다. 이를 염두에 두고 우리의 전통 건축기법을 적용한 해법을 설계에 반영하였습니다. 전통이란 우리의 정서와 편의에 최적화된 삶의 방식이기 때문에 무엇보다 안전하고 안정적입니다.

전통적 건축 배치 방식은 여러 형태가 있습니다. 앞에서도 간략하게 언급한 있지만, 가장 일반적인 형태인 양반집 사례를 예로 들어보겠습니다.

집터의 가장 안쪽에 안마당과 내당을 놓고, 중간쯤에 바깥주인이 책을 읽고 손님을 만나는 사랑채를 놓으며, 가장 바깥에 바깥마당과 행랑채를 배치합니다. 그 채들 사이에 생긴 외부공간은 그 성격에 따라 적당한 마당을 만들어주고, 그 둘레에는 담장이나 조경으로 공간을 구획해줍니다. 외부인이 출입하며 일을 보는 영역, 하인들이 일하며 기거하는 영역, 안식구들이 마음 놓고 지내는 영역이 각각 구분되어 효율적이고 안전한 환경이 만들어지는 것입니다. 이 개념을 학교에 적용하였습니다.

바깥마당은 외부인을 위한 공간이 되고, 안마당은 내부인을 위한 공간이 됩니다. 밖에서 안으로 들어올수록 이 집과 관계가 깊은 사람들을 위한 공간이 됩니다. 바깥마당에는 외부인이 많이 이용하는 건물을 배치하였습니다. 성당과 행정동이 그렇습니다.

안마당에는 내부인이 주로 이용하는 건물을 배치하였습니다. 학생과 교수진이 공부하고 연구하는 곳입니다. 외부인의 발길

• 안마당 진입계단

• 교내 안마당2

을 최소화함으로서 내부인, 즉 식구들만의 환경을 형성하여 안정된 분위기로 만듭니다. 이렇게 땅의 가운데를 가로막은 행정동으로 외부 공간을 안과 밖으로 나누지만, 건물 자체는 지면부를 띄워 필로티로 처리하여, 동선이 흐르게 합니다.

또한 한가운데에서 땅을 양분한 행정동의 존재로 인하여 어느 위치에서도 학교 땅이 한눈에 보이지 않게 됩니다. 같은 땅도 한눈에 다 보이는 경우보다 일부만 보이고 나머지는 숨어 있을 때 더 넓게 인식됩니다. 느낌뿐만 아니라 외부공간의 성격을 별도로 부여해줌으로써 더 넓게 보이기도 하지만 공간의 성격에 따라 다르게 쓰기도 좋습니다. 좁은 땅을 더 넓게 쓰는 방법입니다.

소통의 집

이 집의 주제는 '소통'입니다. 개개인의 소통, 각기 다른 학과와 전공 간의 소통, 선생님과 학생 간의 소통, 선배와 후배의 소통입니다. 그 장치로 교사동 한가운데에 아트리움(atrium)을 채택하여 모든 소통의 매개로 활용하기로 했습니다. 각 층, 각 학과, 각 교실, 각 작업실은 모두 외기를 향하도록 배치되면서 각 실의 출입구와 그것들을 잇는 복도는 아트리움을 향해 열려 있어서 하나가 됩니다.

• 아트리움

• 로비

아트리움은 지하층에서부터 지상 5층까지 개방되어 있어서 소통의 장이 됩니다. 시각적으로 트여 있어 서로 다른 학년, 다른 전공의 학생들이 이동하며 스치고 마주치는 공간입니다. 그러다 서로 익숙해지고 반복되는 마주침에 친근해지게 됩니다. 사람들만 마주치는 게 아닙니다. 청명한 햇볕과 싱그러운 바람이 1층에서부터 5층까지 온 교실과 작업실, 복도를 훑고 어루만지는 공간입니다.

다만 흙작업, 돌작업, 쇠작업 등 같이 무게가 나가고 분진과 소음이 발생하는 작업을 하는 지하층은, 모두 외곽부로 외기에 면하고 있어서 내부 깊은 곳은 1층 유리 바닥을 통해 빛으로 소통합니다. 1층 바닥은 소통을 위한 공간에 머무르지 않고, 이에 필요한 동기를 생산합니다.

일반적인 건물의 로비 역할뿐 아니라 미술대학의 창작 활동을 위한 각종 전시, 이벤트, 모임의 장소도 됩니다. 미술대학의 실기실은 변화에 대응할 수 있는 가변성을 필요로 합니다. 실기실의 크기를 조정할 수 있도록 각실을 구획한 칸막이를 이동할 수 있게 하였습니다.

학교 위치가 서해 바다에 가까이 붙어 있는 탓에 염분이 많은 해풍의 영향에 대비하여 건물 외피는 가급적 단순하게 하고, 외벽 재료는 부식에 강한 동판을 채택하였습니다. 건물은 매우 다양하고 복잡한 기능으로 구성됩니다. 강의실과 실기실, 교수 연구실과 부속실 등 크기도 제각각이고 위치도 일률적이지 않습니다.

이런 다양한 각 층의 기능에 따라 건물의 외피는 층마다 다른 위치 및 형태의 창호로 리듬 있는 입면으로 구성하였습니다. 그렇게 함으로써 예술 대학답게 자유로운 형상을 갖게 됩니다. 이렇게 해서 바다의 물과 바람과 함께 어우러지는 건물 외피가 만들어집니다.

학교 건축은 그 학교가 지향하는 바를 건축에 어떻게 적용·표현하고 담아내는가에 따라 자기만의 독특한 고유성을 지닐 수 있습니다. 당연히 지극히 물리적인 건축에서도 거기에 사는 사람들의 향기와 정신을 읽을 수 있습니다.

• 성당 내정

• 성당 외관

2010년 조형예술대학이 완공되고 수년 후 차례로 성당과 간호대학을 증축하였습니다. 성당은 초기 마스터플랜에서 계획한 대로 길가에 위치하여 신자들이 학교 기능에 간섭하지 않으면서도 출입이 쉽도록 배치하였습니다. 인천가톨릭대학교 송도캠퍼스의 한국순교성인성당은 대학성당이자 지역 교구 본당의 역할을 합니다. 독자적인 본당이기도 하지만 대학 캠퍼스 내 부속성당의 기능도 있기에 한 영역 안에 있는 학교의 시각적 이미지를 고려하여 외관을 계획하였습니다.

이렇게 정성을 다해 건축을 했지만 아쉬운 일이 일어났습니다. 2020년에 송도캠퍼스의 조형예술대학과 간호대학이 이사를 한 것입니다. 처음 캠퍼스에서 남동쪽으로 2킬로미터 떨어진 곳에 새롭게 송도 국제캠퍼스를 조성해서 이전하였고, 기존 학교 건물과 부지는 캐나다 주교육부 공립교육과정을 운영하는 칼빈 매니토바 사립국제학교에 매각되었습니다.

인천가톨릭대학교가 발전하여 더 넓은 곳으로 확장 이전한 것은 매우 고무적이고 희망적인 일이지만, 온갖 정성을 다해 설계하고 잘 지어서 만족스럽게 사용하던 건축물이 다른 주인에게 매각되어 다른 용도로 쓰이게 된 것에 대하여는 설계자로서 아쉽고 쑵쓸한 마음이 듭니다. 다른 이가 다른 프로그램으로 사용하겠지만 가변성을 잘 살려 융통성 있게 리모델링하여 잘 사용하기를 희망합니다.

춘천교구
80주년 기념 가톨릭회관

• 회관 전경, 2018년 10월 준공 봉헌

3

춘천교구 설정 80주년 기념사업

천주교 춘천교구는 1939년 경성대목구 (현 서울대교구)에서 춘천지목구로 분리되었고, 1962년 한국 교회의 교계 제도가 확립되면서 정식교구로 승격하였습니다. 춘천교구는 2019년 춘천교구 설정 80주년 기념사업으로, 숙박이 가능한 교육과 피정, 세미나, 각종 교구 행사 등을 치를 수 있는 가톨릭 회관을 건립하기로 하였습니다.

터잡기

2009년 춘천시 동면 만천리에 교구 소유의 땅 한가운데를 관통하는 춘천순환로가 개통되었습니다. 도로 양쪽으로 나뉜 이 부지에 30미터 높이의 거대한 법면(法面, 비탈면)이 생겼습니다. 이 법면 위 비교적 평탄한 부지에 자연훼손을 최대한 지양하는 설계에 착수하였습니다.

꼭 필요한 만큼만 깎아내고 채워넣어 자연훼손을 최소화하면서 기존 지형을 적극 활용하기로 하였습니다. 이를 통해 종교 건축의 중요한 요소 중 하나인 공간의 위계를 설정하고, 진입 동선의 흐름에 성격을 부여하고자 하였습니다.

• 안마당과 바깥마당(노천극장)

• 사제연수

회관의 주출입구는 주차장에서 떨어진 곳으로 배치하였습니다. 진입로를 걸으며 속세와 혼잡함으로부터 벗어나 교육이나 피정을 위한 마음의 준비를 갖게 하려는 의도에서 나온 거리 설정입니다. 교육이나 피정 중에도 외부로 출입할 때 주차장보다는 녹지와 빈 공간을 접할 수 있게 하려는 의도입니다.

시설의 초입부터 진입로를 따라 올라가며 처음으로 마주하는 성당은 기존 지형을 활용한 대지의 고저차로 성당의 높이를 더욱 높게 인지하도록 배치하여 방문자로 하여금 경외심을 느낄 수 있도록 하였습니다. 그리고 로비를 거쳐 마주하게 되는 안마당인 정온마당은 진입로의 극적인 효과와 대비하여 ㄷ자 형태의 건물에 감싸여서 평온함을 느낄 수 있도록 계획하였습니다.

이 안마당은 때로 주변의 외부공간과 연계되어 다양한 외부 행사를 위하여 봉사할 준비가 되어 있는 공간입니다.

다양한 기능의 유기체

가톨릭회관은 교육, 집회, 피정이 복합된 시설을 조성하는 것으로 성전을 겸할 수 있는 강당, 소성당, 교육실, 회합실, 식당, 사제관, 수녀원, 피정 숙소 등 여러 기능을 가진 다양한 크기와 규모의 공간으로 복잡하게 구성되는 시설입니다.

하나의 건물 안에서 다양한 기능들이 복잡한 관계를 유지하며 무리없이 운영되도록 하는 것이 이 건축계획의 목표입니다. 이 시설에서 이루어질 행사와 행위가 부드럽게 진행되기 위해서 고려해야 할 것들이 있습니다. 좋은 공공시설은 관리하고 준비하는 조직과 스탭은 전투에 임하듯 일사분란하게 움직이나, 막상 그 시설을 이용하는 사람들에게는 보이거나 느껴지지 않습니다.

강의, 회합, 전례 등 여러 사람이 함께하는 프로그램을 위한 공적인 공간과 피정객을 위한 숙소, 사제관, 수녀원 등 사적인 공간을 영역으로 구분합니다. 그렇게 하여 교육 및 회합 영역과 숙소 영역, 그 사이에 식사와 휴식을 위한 영역을 배치하여 서로 유기적으로 구성되도록 하였습니다.

피정, 교육, 회합 등의 프로그램은 형식이나 규모가 다양합니다. 본연의 목적에 따른 각종 설비가 구비되어야 하고, 인원수에 따라 방의 크기도 적절하게 구획되어야 좋은데 그 다양한 요구에 맞추어 방을 모두 구비해놓기는 어렵습니다. 그래서 방 사이의 칸막이를 이동식으로 하여 그때그때 조절할 수 있도록 가변성을 주었습니다. 또 많은 사람이 움직이는 프로그램과 개인 혹은 적은 인원을 위한 프로그램 등 행위의 크기 또는 빈도에 따라 시설의 배치를 고려하였습니다.

사실 실질적인 프로그램과 그것을 담을 건축 구상을 구체화하는 것은 쉽지 않았습니다. 가톨릭회관의 건립 총괄 책임을 맡은 당시 교구 사무처장 이유수 요아킴 신부님은 우리 설계팀과 함께 전국의 유사 시설을 답사하며 실제 사용 현황과 추이를 조사하였습니다. 이렇게 해서 세부 시설의 구성을 합리적으로 꾸릴 수 있었습니다.

외부공간도 교육, 피정에 꼭 필요합니다. 목적에 부합하도록 명상, 대화, 회합, 집회 등 역시 다양한 행위에 걸맞는 외부 시설을 계획하였습니다. ㄷ자 모양의 회관 건물이 감싸고 있는 안마당, 거기에 이어져 많은 인원을 수용할 수 있는 노천극장, 정원과 숲길 등 다양한 외부 공간을 마련하였습니다.

• 로비계단

또한 건축물의 기능적 위계와 시각적 조화를 고려하여 성당을 가장 높게 설정하고, 평소에는 강당으로, 필요시에는 성전 역할을 수행하는 다목적 강당은 규모도 크고 사용인원도 많은 중요한 공간이지만, 의미상으로는 성당보다 중요하지 않으므로 시각적으로나 위치적으로 크게 부각되지 않게 처리했습니다. 그리고 진입 홀 및 로비 공간을 성당과 강당 사이 가장 낮은 높이의 공간으로 엮어서 건축물의 높이에 따른 시설의 위계와 정면성을 부여하는 동시에 외부를 향한 가톨릭 시설의 상징성과 인지성을 부각시키도록 하였습니다.

외벽의 주재료는 회벽 느낌의 마감 재료를 사용하되, 부분적으로 목재를 사용하여 검박한 가톨릭 정신을 상징하였고, 저층부에는 붉은 빛 계열의 사암을 사용하여 시각적으로 아랫부분이 묵직한 안정감을 갖도록 하였습니다. 또한 손이 닿는 낮은 부위는 훼손과 오염에 견디도록 다소 어둡고 견고한 재료를 채택하였습니다.

• 상 : 세미나실 / 중 : 회합실 / 하 : 회의실

주님의 식탁

가톨릭회관의 성전은 정사각형의 평면으로 계획하였습니다. 제대는 주님의 무덤이자 식탁입니다. 우리는 주님 만찬 식탁에 초대받아 미사성제에 참례합니다. 예수님을 대신하는 사제와 신자들이 식탁에 둘러앉아 주님과 함께 빵과 포도주를 나누어 먹고 마시는 것입니다. 그래서 주님의 식탁인 제대를 한가운데에 배치하고, 둘러앉아 서로가 형제임을 확인하고 신앙 대열에 함께한다는 것을 느끼게 하도록 하였습니다.

보다 전문적인 심화교육이나 모임에서 하느님과 더욱 가깝고, 신앙의 형제들과 함께한다는 체험을 갖도록 의도한 것입니다, 자연의 빛은 성전 한가운데 천장에서 쏟아집니다. 하늘에서

• 성전 정면

내려오는 하느님의 은총을 상징합니다.

성전의 제대 등 기물은 김겸순 수녀님의 구상으로 제작된 것입니다. 가톨릭회관이 교육과 피정을 주로 하는 곳이기에, 특별한 주제보다는 주님의 성찬례와 말씀을 바탕으로 기본에 충실하게 작업하셨다고 합니다. 제단 양옆 창문은 김형주 작가의 작품으로 부활과 성탄을 주제로 한 색유리화입니다.

• 천창과 제단부

제4장

변화와 성장을 통하여

교회건축은 매우 다양합니다. 역사의 변화에 따라 많은 것이 바뀌었지만 교회건축이 세상 속의 아버지 집인 동시에 하느님 백성인 우리의 집이라는 사실만큼은 결코 변하지 않을 것입니다. 시대가 변하여 조용하던 성전이 저잣거리의 중심이 되는 경우도 있고, 또 번창하던 성전이 폐허가 되는 경우도 종종 있습니다.

깨어 있는 그리스도인은 기존의 틀에 얽매이지 않고 새로운 길과 다양한 방식을 부단히 생각하며 미래의 모습을 찾아갑니다. 이천 년 교회의 역사가 무겁지만 전통을 지켜나가는 것 못지않게 시대 변화에 따라 변신해야 하는 것도 필요합니다. 더 나아가 미래의 모델을 예측하고 발전을 도모하는 것 역시 우리에게 주어진 사명입니다.

죽림동성당은 춘천교구의 주교좌성당입니다. 한국전쟁과 전후 재건, 경제개발 과정에서 교회를 돌보기란 쉽지 않은 일이었습니다. 그렇지만 교회는 오랫동안 조용히 준비해왔습니다.

춘천교구는 죽림동성당이 주교좌성당으로서 신앙과 영성 활동의 본거지 역할을 올바르게 수행할 수 있는 환경을 조성하기 위해 성역화 사업을 추진하게 되었습니다. 주교좌성당의 권위와 품위를 갖추어 신자들의 소속감과 신뢰에 응답할 수 있게 하려는 것입니다.

구체적으로, 차량과 사람이 뒤엉켜 위험하고 부산한 가파른 진입로와 비좁은 성당 앞마당을 개선하여 여유롭고 편안한 환경을 만들어주고, 더 나아가 주교좌성당으로서 필요한 각종 야외 행사를 치를 수 있게 해주는 일입니다.

수도원 건축은 수도 공동체의 성장을 예측하고 계획해서 마스터플랜을 세워둘 필요가 있습니다. 연천의 아우구스띠노 수도회 '착한 의견의 성모 수도원'은 미리 세워둔 마스터플랜을 바탕으로, 수도원 내부 사정과 경제적 상황 등을 고려하여 10여 년에 걸쳐 차례로 집을 지었습니다. 그래서 수도원의 성장과 변화에 따라 집도 커지고, 용도도 바뀌었습니다. 설계를 할 때마다 염두에 두었던 것은 무엇보다 수도생활을 밑받침할 수 있는 건축이 되도록 하는 것이었습니다.

처음에 성당과 수방 열 개의 작은 수도원을 지었고, 해를 거듭하며 준비하여 역량만큼 짓고, 또 기약하면서 쉬었다가 마침내 피정집까지 지어서 완성을 보았습니다. 이는 처음부터 구상했던 마스터플랜을 하나하나 실현해나가는 과정이었습니다. 처음 세웠던 계획과는 다소 달라진 것도 있지만 그 계획이 긴 세월을 두고 마침낸 완성의 형태로 구현된 것은 특별한 의미를 갖습니다.

강원도 영월 상동은 한국전쟁 후 탄광촌에 몰려든 많은 인력과 막대한 텅스텐 생산으로 국가경제의 기둥 역할을 한 적이 있었습니다. 당시 이영섭 프란치스코 하비에르 주임신부님은 미군에게 막사 재료를 얻어 성당을 짓고 주민들의 영적 아버지 역할을 하였습니다. 이후 인구가 줄고 지역이 쇠퇴하여 성당이 공소가 되고, 그나마 어렵게 유지하다가 공소마저 화재로 모두 불타버리고 말았습니다. 희망이 모두 사라질 즈음 지역사회와 힘을 합쳐 상동 공소에 다시 숨길을 불어넣는 사업이 진행되었습니다.

　인구가 50분의 1로 줄어든 곳에 옛 성당 규모로 복원하는 것은 의미가 없을 것입니다. 새로운 구상으로 옛날을 기억하고 현재의 모습을 새로운 희망의 씨앗을 심기로 했습니다. 초기 신축 당시의 성당 모습을 복원하고, 불에 탄 흔적을 상처로 보존하면서 현재를 희망을 찾는 기도의 공간으로의 승화시키는 복원계획을 마련하였습니다. '재 속의 기적'(miracle from ashes)을 일으켜 공소 신자는 물론 순례객들과 함께 나누는 '지붕 없는 성전, 기도의 벽' 완성을 목표로 한 것입니다.

　그런데 온 세상이 전혀 예상하지 못한 팬데믹 사태가 벌어졌습니다. 코로나 바이러스의 대유행으로 3년여 동안 서로가 격리되고 경계하는 상황이 벌어졌던 2019~2022년 전후의 사회적 활동의 행태는 이전과는 전혀 다른 양상을 띠었습니다. 그렇지 않아도 개인주의가 확산되는 때에 엎치고 덮친 격으로 이전보다 더 개인주의적인 사회가 되었습니다. 신앙생활에도 그 영향을 비켜가지 않았습니다. 팬데믹 사태가 계기가 되었다고 단정 지을 수는 없지만 개인주의가 가속화하는 데 일조했다는 것을 부인하지 못할 것입니다. 그러면 지금의 신앙적 움직임은 어떤 모습일까요? 그리고 다가올 미래는 어떤 모습일까요?

사회는 더 잘게 나누어지고 보다 더 복잡해지고 있습니다. 각 개인의 개성이 더 도드라지는 사회가 될 것입니다. 개인적으로는 자기 자신을 찾으려 노력하고, 성숙한 신앙을 돌아보며 홀로 하느님의 현존을 느끼고 체험하고자 노력할 것입니다.

이에 그림 그리는 사제 조광호 신부님은 예술을 매개로 깊고 단순한 신앙에 한걸음 더 가까이 갈 수 있는 작은 채플을 제안하였습니다. 강화도 남단 건너 동검도의 6평짜리 채플(경당)입니다. 미래의 신앙과 영성을 담을 하나의 모델이 되도록 시도와 실험을 통하여 하나의 새로운 모델을 제시합니다.

춘천 주교좌 성당의
어제와 오늘

1

• 춘천 주교좌 성당, 2013. 12. 준공 봉헌

춘천
죽림동성당 약사

강원 지역 첫 본당인 풍수원본당에서 1920년 분할된 춘천곰실본당이 죽림동본당의 전신입니다. 여기에서부터 춘천의 본당 역사가 시작됩니다. 이후 1939년 서울(경성대목구)에서 춘천 지목구로 분할되고, 곰실 교우와 성 골롬반외방선교회 구인란 토마스(Thomas F. Quinlan, 1896~1970) 신부가 마련한 현 성당 터에 1949년 새 성당을 짓게 됩니다.

준공을 앞두고 있던 성당은 한국전쟁 때 포격으로 크게 파손되었으나 1955년 복구공사를 통해 거듭나게 됩니다. 이후 40여 년을 지내고 노화된 성당은 1999년 교구 설정 60주년을 맞으며 대대적으로 증창되었고, 다시 2016년 주교좌성당 축성 60주년을 앞두고 2013년 성역화사업을 추진하여 춘천교구 주교좌성당에 걸맞는 환경을 완성하게 되었습니다.

주교좌성당

죽림동성당은 춘천교구 주교좌성당입니다. 주교좌성당은 교구의 대표 성당으로, 교구의 공식적인 전례와 행사가 이루어지는 곳입니다. 명실공히 밖으로는 교구를 상징·대표하며 안으로는 교구민의 정신적·공간적 지주가 됩니다. 따라서 성당 건물뿐 아니라 그 영역 또한 주교좌성당다운 면모를 지녀야 합니다.

주교좌성당이 지녀야 하는 면모란 명칭에 걸맞는 권위와 품위가 있고, 거기에서 이루어지는 모든 행위를 담을 수 있는 공간 및 장치를 구비해야 하며, 또한 영성적으로 주님의 현존과 평화를 느낄 수 있는 환경이면 더 바람직하겠습니다.

권위란 누구나가 그 품격을 느끼고 믿고 따름을 말합니다. 즉 크게는 천주교를 작게는 춘천교구를, 신자뿐 아니라 사회적으로도 모든 이로부터 그 존재 가치를 인정받음을 의미합니다. 품위란 위엄과 기품을 뜻합니다. 주교좌성당으로서 장엄한 전례가 이루어지는 데에 걸맞고 기도하는 데에 도움이 되는 물리적 환경과 그 모습으로 아름다움과 신뢰를 느낄 수 있는 덕목을 갖추는 것이 필요합니다.

• 성삼문 아치를 통해 보이는 성전

주교좌성당 주변의
상황

성당은 70년 전쯤 약사고개 정상부에 세워졌습니다. 약사고개는 주변이 모두 내려다보이는, 근처에서 가장 높은 언덕입니다. 당시 춘천 지방의 천주교는 아일랜드에서 온 성골롬반외방선교회에서 관장하였습니다. 죽림동성당의 신축도 당연히 성골롬반외방선교회의 신부들이 주관했습니다. 성당 위치나 건축 양식은 당연히 유럽 아일랜드인의 안목과 관습에 영향을 받았을 것입니다.

당초 성당 앞은 매우 번잡스러웠습니다. 한국전쟁 후 모두가 살기 급급했을 당시 교회 땅이라고 온전히 남아 있을 수는 없었을 것입니다. 그렇게 생존을 우선하던 시기에 자의반 타의반 땅의 쓰임새는 긴 안목과 합리적인 계획과는 거리가 먼 급박한 사정에 좌우되었을 가능성이 큽니다. 그런 사정으로 성전 주변 상황은 당시 사회와 맞물려 상당히 혼란스럽고 어지러웠을 것입니다. 이제 와서 정신을 차리고 숨을 고르고 보니 주교좌성당의 앞마당은 꽤 비좁고 바쁘고 번잡한 곳이 되어 있었습니다.

성당으로 향하는 급경사의 진입로는 차와 사람이 서로 엉키고, 성당 대문을 통과해도 역시 비탈길을 힘겹게 올라가야 작은

• 공사 전 성전 전경

• 성역화사업 후 성전 전경

• 전망대에서 본 성당

앞마당에 다다를 수 있었습니다. 그렇게 성당에 들어서서도 가
쁜 숨을 고르기에는 긴 시간이 필요했습니다. 주교좌성당에서
해야 할 여러 행사는 물리적 공간환경이 부족하여 원하는 목적
을 달성하기에 제약이 많았습니다. 미사 후 마당에서 본당공동
체가 인사를 나누기에도 어려움이 있었을 것입니다.

2010년 춘천교구장으로 부임한 김운회 루카 주교님은 수년간
교구의 다양한 일과 행사를 치르며 아쉬웠던 점들을 들며 개선
의 해법을 주문하였습니다. 주교좌성당으로서의 권위와 품위를
갖춘 보다 안정된 기도 환경이 필요했고, 더불어 사람과 차가 뒤

섞이는 복잡한 동선에서 벗어나 안전과 편의를 확보할 필요도 있었습니다. 그리고 도로와 성당 사이의 급격한 경사에서 오는 불편함을 해소하고 안정감과 편안함도 추구해야 할 필요도 있었습니다.

이런 여러 환경상의 불편함을 안고 지내는 중 마침 춘천시에서 도시계획사업의 일환으로 성당 부지 일부를 수용하여 인접 도로인 약사고갯길의 확폭(擴幅) 개선 사업을 진행하였습니다. 도로 폭 확대 및 주변 공사가 이루어짐에 따라 성당에서도 이 사업에 발맞춰 성역화 사업을 함께 추진하게 된 것입니다.

성전의 공간구성

성당이라는 공간이 처음 만들어진 초기 시대에는 입구에 나르텍스(narthex)라는 공간이 있어서 성전에 들어가기 전에 이곳에서 몸을 청결하게 하였습니다. 그리고 그때는 세례를 받은 사람들만 본당에 들어갈 수 있었는데, 세례를 준비하거나 회개하러 온 사람들은 성전 안에 들어가지 못하고 나르텍스까지만 출입이 허용되었다고 합니다. 지금으로 본다면 성전 입구의 전실이나 홀, 로비쯤 되는 장소입니다. 한마디로, 성전에 들어가기 전 마음의 준비를 하는 공간인 셈입니다.

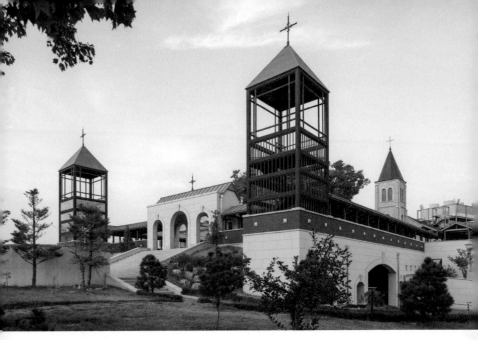

• 진입부에서 본 성전 전경

　그런데 우리나라 천주교 최초의 성당인 중림동성당이나 명동
성당 같은 초기의 성당들은 대부분 나르텍스의 기능을 하는 공
간이 거의 없거나 매우 축소되어 있습니다. 지금은 비신자나 예
비신자, 고해성사를 하러 성당에 오는 사람들을 성전에 들어가
지 못하게 하는 경우는 없습니다.

　그렇다고 해도 성전에 들기 전에 마음의 준비를 하는 공간은
여전히 필요합니다. 초기 성전들이 무슨 이유로 나르텍스에 해
당하는 공간을 축소하거나 없앴는지는 모르겠지만 마음을 경건
하게 가다듬을 수 있고, 또 남다른 마음의 준비를 할 수 있는 이
공간의 역할을 되살리는 것이 필요하다고 생각합니다.

우리나라의 가람 배치를 보면 대체로 이런 심리적 흐름을 잘 이해하고 준비해놓은 것으로 보입니다. 산사들은 대부분 일주문을 세워 여기부터가 절의 영역이며 경건한 마음가짐을 준비하도록 신호를 줍니다. 옷매무새를 다듬고 길을 오르다 보면 사천왕문이 나옵니다. 좀 더 심화된 정화의 단계를 지나는 것입니다. 그렇게 다다른 대웅전에는 부처님이 모셔져 있고 불자들은 여기서 예불을 드립니다. 건물에 들어서서 마음을 경건하게 하는 것이 아니라 외부에서 조금씩 경내로 진입하면서 마음의 준비를 할 수 있도록 분위기를 조성하는 것입니다.

이미 오래 전에 세워진 죽림동 주교좌성당의 건축 구성을 손댈 수는 없습니다. 그러나 번잡하고 옹색한 성전 입구에 외부공간을 재구성하는 형태로, 서양 교회의 나르텍스에 해당하는 정화의 공간을 도입하여 경건한 분위기로 여유를 만들어주는 것이 이 성전의 성역화 사업을 목적에 맞게 수행할 수 있는 해법이라고 생각했습니다.

성전 앞마당

성당 앞 공간의 지형이나 동선을 비롯한 여러 복잡한 요소들과, 넓은 앞마당의 필요성을 동시에 해결하는 방법으로 성당 앞을 가로지르는 도로 위를 인공대지로 덮는 입체화 방식으로 이 조건들을 해결하였습니다. 기존 도로는 기울기를 완만하게 낮추어 남쪽의 주차장에 연결하고, 이 도로를 덮는 인공대지는 성당 앞마당의 높이로 약사고갯길까지 이르는 넓은 마당을 조성하였습니다. 마당의 하부는 지하주차장으로 계획하여 엘리베이터나 계단을 이용하여 성전 마당에 이르게 하였습니다. 이렇게 해서 주변에서 가장 높은 곳, 약사고개 정상부에 위치한 주교좌성당은 그에 걸맞는 넓직한 앞마당을 펼칠 수 있게 되었습니다.

이 마당은 성당에 들어가기 전, 또 성당에서 나오면서 맞게 되는 공간으로 폭 30미터에 길이 60미터로 구획된 평탄한 바닥으로 조성하고, 마당 주변을 회랑으로 둘러서 성당 맞은편, 즉 마당 주입구의 대문을 가운데 두고 양쪽 모서리에 탑을 세웠습니다.

대문은 세 개의 아치로 구성하였습니다. 본 성전의 출입구 아치 형태를 본뜬 모양으로 성삼위를 상징하는 '성삼문'(聖三門)입니다. 모서리의 양쪽 탑은 죽림동성당의 외관적 표식으로 역시 본 성전의 지붕 모양을 본뜬 변형입니다.

북쪽 탑은 지하 주차장에서 오르는 수직 동선을 투명 엘리베이터로 처리했습니다. 땅속에서 솟아오름은 '부활'을 상징합니

• 상 : 성당에서 본 성삼문 / 하 : 성전 마당

다. 남쪽 탑 역시 수직 동선을 해결하는 장치인데 지하층에서 마당으로 올라와 다시 전망대로 오르게 됩니다. 지상(마당)에서 하늘로 오르는 '승천'을 상징합니다. 따라서 북탑은 '부활탑', 남탑은 '승천탑'이 됩니다.

승천탑의 전망대에 오르면 성전과 마당이 한눈에 보이고 돌아서면 춘천 시내가 내려다보입니다. 언덕 위 마당은 시선을 가로막을 것이 없습니다. 그래서 오히려 휑한 느낌을 줍니다. 이를 보완하기 위해 회랑을 세웠습니다. 회랑은 지붕은 있고 벽은 없습니다. 영역을 구획해주어 포근함을 주지만 벽이 없어 시야를 가리지 않으므로 시원합니다. 회랑의 매력입니다.

들려 올린 마당의 바깥쪽은 높이 차이 때문에 난간 벽이 필요합니다. 먼저 있던 성당 담장의 디자인과 같은 형식으로 벽돌을 쌓았습니다. 다만 기존의 전벽돌 대신 적벽돌로 쌓았습니다.

이 마당은 기능적으로 성전을 향하는 진입 공간이며, 미사나 기도를 하러 가는 준비 공간입니다. 그 자체로 기도와 행렬의 공간이며, 대형 집회를 할 수 있는 모임 공간입니다. 십자가의 길이나 묵주기도, 또는 사색과 묵상을 위한 성전 뜰이며, 다양한 형태의 이벤트를 할 수 있는 나눔의 공간입니다.

이렇게 해서 전통과 역사가 깃든 성전을 바라보며 성삼위의 대문과, 성자의 부활과 승천을 상징한 탑과 함께 성전의 앞마당을 조성함으로써 죽림동 주교좌성당 성역화 사업의 한 부분이 완성되었습니다.

이렇게 정성을 다해 마련한 새로운 환경을 이용하여 보다 창의적이고 활발한 신심 행위와 행사가 활발하게 이루어지기를 기대합니다.

쉼터

역사가 유구한 죽림동성당은 외지에서 찾아오는 순례객들도 많습니다. 그렇지만 이들이 잠깐이라도 쉬면서 차라도 한잔 마실 수 있는 장소가 마땅치 않았습니다. 또 성전 왼쪽 마당은 바로 붙어 있는 16층 아파트가 성당 마당을 내려다보며 경건한 분위기를 깨뜨리고 있었습니다. 성당 마당인지 아니면 아파트 마당인지 성격이 애매해서 본당 신자들과 순례객들은 쉽사리 편안한 마음을 갖지 못하였습니다.

이 두 가지 흠은 늘 꺼림칙한 과제로 남아 있었습니다. 그러던 중 2020년 홍기선 히지노 주임신부님이 결단을 내려 문제를 해결하기 시작하였습니다. 성전과 어울리지 않는 아파트의 모습을 어느 정도 가리면서도 성전 마당의 분위기도 살리고, 또 순례객에게 머물 자리를 제공한다는 두 마리 토끼를 잡는 '쉼터'를 세우게 된 것입니다.

• 쉼터

이 영역의 주인공은 성전입니다. 쉼터는 성전의 기능을 보좌하는 지원 시설입니다. 쉼터 건축은 순례객에게 친근한 모습으로 매력은 갖되 너무 드러나지 않아야 합니다. 회랑처럼 목조로 하여 동질성과 적당한 인지성을 주었습니다. 반면 성전 건축에 종속되는 느낌의 형태와, 배경이 되는 분위기로 디자인하였습니다.

홍기선 주임신부는 건축 준공에 이어 쉼터 벽면 세 칸에 죽림 동성당과 막역한 관계가 있는 인물을 그려 넣도록 하였습니다. 예수님과 춘천교구 초대 교구장 구인란 토마스 주교, 춘천 천주

• 성전과 쉼터

교의 밑거름 역할을 했던 엄주언 말딩 전 곰실공소 회장입니다. 죽림동성당의 전신인 곰실공소에서부터 이어진 신앙의 역사를 계속 이어나가겠다는 다짐의 장면입니다.

쉼터에서 찻잔을 들고 내다보면 잔디 마당 건너 성전이 보입니다. 성전은 2025년에 일흔 살이 됩니다. 춘천의 근대 역사, 죽림동성당 공동체의 105년 역사를 품고 70년 동안 말없이 자리를 지키고 있는 성당을 바라보며, 순례객 여러분도 우리 교회의 한 지체임을 가슴으로 느껴보시기 바랍니다.

연천
아우구스띠노 수도원의
성장

2

• 수도원 전경, 2017. 7. 준공 봉헌

수도원

수도원은 한 믿음 안에 지향하는 길이 같은 수도자들이 모여 공동체를 이루어 기도하고 일하면서 가족으로 함께 사는 집입니다. 수도원은 기도하는 성당과 사는 집, 일하는 집으로 구성됩니다. 이런 각 기능을 복합적으로 한 건물에 수용할 수도 있고, 기능적으로 구분해서 각 별동으로 나누기도 합니다.

일하는 집은 그 수도회가 지향하는 고유의 은사(Charisma)와 사도직에 따라 성격이 정해집니다. 수도자는 자신과 공동체의 영성 완덕이 일차 목표가 되고, 그 수단과 목적으로 세상을 위한 기도와 활동을 펼쳐나갑니다. 수도원은 보통 처음에는 작게 시작하지만 하는 일이 많아지면서 점차 식구도 늘어나고 따라서 집도 커져갑니다.

마스터플랜

수도원은 다양한 기능을 수행해야 하는 복합체입니다. 기본적으로 내부인인 수도원 공동체의 공간으로 숙식, 기도, 작업, 나눔 등의 기능에 필요한 공간과 외부인을 위

• 수도원 조감

한 각종 프로그램에 필요한 공간들이 효율적·유기적으로 잘 배

치되어야 무리가 없습니다. 수도원 식구는 수시로 이동하고, 하

는 일 역시 큰 방향 속에서 계속 변화가 요구되기 때문에 유연한

대응도 필요합니다.

처음에는 생각도 하지 못했는데 지내다 보니 필요한 시설이 하나둘 나타나기도 합니다. 그 당시 중요한 건물을 제일 중요한 자리에 지었습니다. 나중에 더 중요한 건물을 지어야 하는 데 적당한 자리가 없어 난감합니다. 중요한 자리에는 이제 덜 중요해진 건물이 있어서, 가장 중요한 건물을 어쩔 수 없이 빈 구석에 지을 수밖에 없는 경우가 생깁니다.

이렇게 늘 변화하는 사람과 일을 담아내야 하는 건축도 변화를 수용할 수 있어야 합니다. 여기에는 물리적으로 유연하지 못한 집을 어떻게 하면 많은 가능성으로 적절하게 대응할 수 있을까 하는 고민이 깔려 있습니다. 기능적으로 고유한 각각의 목적을 어떻게 무리 없이 부딪히지 않고 소화할 수 있을까? 이런 것이 수도원 건축의 어려움이자 반드시 풀어내야 하는 과제입니다.

방법은 두 가지입니다. 지금은 쓰지 않더라도 나중에 필요할 시설들을 미리 다 완전하게 지어놓고 사용하든가, 아니면 계획을 세워놓고 필요에 따라 그때그때 지어서 사용하는 방법입니다. 두 방법 모두 장단점이 있습니다. 첫 번째 방법은 처음에 비용이 많이 들고 미래 예측이 변하면 쓸모가 없어지는 부담이 있고, 두 번째 방법은 완성까지 늘 미완성 환경에서 살아야 합니다. 미래 예측이 여의치 않고 조건의 변화가 많은 경우에는 두 번째 방법이 더 나을 듯싶습니다.

결국 '마스터플랜'이 답입니다. 집이 완성되었을 때의 모습에 대한 계획을 세우는 것입니다. 모든 시설을 한꺼번에 지을 수 없고, 순서도 그때마다의 필요에 따르지만 미리 계획을 세웠다면 순서에 관계없이 각각의 자리가 미리 정해져 있어서 모두가 안정적으로 기능을 하게 될 것입니다. 중요한 건물이지만 나중에 지을 계획이라면 그 터가 비어 있는 동안 계속 염두에 두고 관리해나갈 것입니다.

연천 착한 의견의 성모 수도원

아우구스띠노 수도회(OSA: Ordo Sancti Augustini)는 히포의 성 아우스티노 주교(S. Augustinus, 354~430)가 창안한 수도규칙과 영성을 따르는 전통의 은수자들을 13세기에 통합하여 설립한 유서 깊은 수도회입니다. 우리나라에는 다소 늦은 시점인 1985년에 들어와서 활동을 시작하게 됩니다. 아직은 호주 관구에 속한 한국 지부는 인천에 본원을 두고 피정, 병원 사목, 청소년 그룹 홈 등 사회사업에 바탕을 둔 여러 활동을 전개하고 있습니다.

아우구스띠노회 연천 '착한 의견의 성모' 수도원은 규모가 그리 크지 않지만 여러 해에 걸쳐 건축이 이루어졌습니다. 2010년 2월 처음 건축 이야기가 나온 이후, 설계를 진행하여 2011년 9월 첫 건축허가를 신청하였고, 2017년 8월 사용승인을 얻을 때까지 성전과 수방을 먼저 지어 사용하다가 피정집을 지어 또 사용하고, 마침내 수도원과 피정숙소를 증축하여 현재의 모습이 되었습니다. 건축이 한 번에 이루어져 완성되지 않았음은, 공동체의 성장과 현실적인 자금의 문제 등으로 인해 그 순서와 속도가 조절된 것입니다.

• 도로에서 본 전경

• 봉안당

연천 수도원은 성당과 수도원, 피정집으로 구성되어 있습니다. 성당은 수도자석 32석, 신자석 50석으로 아담한 성전과 부속실, 그리고 죽은 이들을 모시는 봉안당으로 이루어져 있습니다. 봉안당은 채 500기가 안 되는 소규모의 아담한 공간입니다. 천장에 천창이 있어 하늘나라의 빛이 내리 비치는 느낌입니다. 봉안당의 벽 너머는 바로 성전입니다. 성전에서 매일 수도자들이 성무일도와 미사를 거행하고 있으므로 옆의 봉안당은 늘 기도 속에서 영원한 안식을 누리는 망자의 쉼터입니다.

수도원은 수방 10개와 공동체가 함께 살면서 일하는 데 필요한 방들을 구비해서 사용하다가 피정집을 증축하면서 피정집의 2층으로 옮겨가고, 기존 수도원은 피정집 별동 숙소로 사용하고 있습니다.

피정집은 두 차례에 걸쳐 지었습니다. 처음에는 하루 피정 프로그램을 소화하는 시설만 지어서 사용하다가 나중에 피정숙소를 증축하였습니다. 이렇게 2017년이 되어서야 6년이라는 오랜 기간에 걸쳐서 수도원의 틀을 갖추게 되었습니다. 2021년에 한국천주교주교회의에서 주관하는 제24회 가톨릭미술상 건축 본상을 수상하였습니다. 건축가가 받을 상이라기보다는 긴 시간 동안 함께해준 수도원 식구들과 함께 나눌 영광이라고 생각합니다.

• 성전

• 수도원 식당

성전과 성미술

수도원 성전은 일반 본당과는 다른 기능이 숨겨져 있습니다. 수도자들의 기도공간입니다. 매일 미사 외에도 하루에 몇 번을 모여 성무일도를 바칩니다. 뿐만 아니라 수도원에 찾아오는 신자들도 함께합니다.

성전의 중심은 제대입니다. 제대를 향하여, 또는 제대를 중심으로 이루어집니다. 제대는 주님의 무덤이자 주님의 식탁을 상징합니다. 이 성전에는 '주님의 식탁에 둘러앉아'라는 의미를 두어 성전 배치를 계획했습니다. 제대를 성전 한가운데에 놓고 양옆에 수도자석인 가대(歌臺)를 마주보도록 배치하였습니다. 성전 문을 열고 들어서면 제대와 가대를 바라보는 곳에 신자석이 있습니다. 이렇게 수도자석과 신자석, 그리고 주례석이 제대를 에워싸고 서로 마주보도록 배열하였습니다. 제대를 중심으로 하나가 되는 그리스도 공동체의 참모습을 상징합니다.

제대가 중심일 때, 성체를 모신 감실의 존재는 초점을 분산시킬 수 있습니다. 성체는 미사 중에 축성하여 주님의 식탁에서 나눕니다. 감실을 제대 부근에 모시지 않고 따로 성전 옆 부분에 공간을 마련하여 평상시에는 성체조배를 할 수 있는 아늑한 공간으로 계획하였습니다. 이렇게 성체는 평소에 성체조배 공간의 감실에 모시고, 미사 때 제대로 옮겨 나눕니다.

• 성전 내부

　이 아담하고 포근한 성전은 역시 성미술로 완성을 이루었습
니다. 성전 안 대부분의 제단 기물과 색유리화는 김겸순 마리 테
레시타 수녀가 구상하고 제작하였습니다. 아우구스띠노수도회
의 카리스마를 염두에 두고 예수성심의 따뜻한 분위기를 지향
하며 작업에 임했다고 합니다. 남쪽 면에서 제대를 비추는 큰 창
에는 수도회 창설자인 아우구스티노 성인 이야기를 색유리화로

표현하였습니다.

제대 벽에는 '착한 의견의 성모' 성화가 이콘화의 기법으로 그려져 있습니다. 서양화가 하귀분 로사 작가의 그림입니다. 작업을 의뢰받기 직전, 우리나라 천주교 초기 시대에 전교 활동하다 순교하신 파리 외방전교회 선교사의 생가를 순례하였는데, 그때 가졌던 마음의 연장으로 하느님의 도우심에 의지하며 작업에 임했다고 합니다. 작가에게는 첫 성미술 작업이어서 남다른 애정과 정성이 깃든 작품이라고 하겠습니다.

• 성전 행사

• 제단부

회랑 예찬

회랑이란 지붕으로 덮인 복도를 말합니다. 한쪽으로 벽이 있거나 양쪽 다 없을 수도 있습니다. 회랑의 기능은 다양합니다. 우선 통로의 역할을 합니다. 특히 종교적인 공간에는 아주 유용하게 쓰입니다. 기도하는 공간, 기도를 준비하는 공간으로 쓰입니다. 회랑을 돌거나 머물면서 기도할 수 있습니다. 또한 목적지를 향한 행렬이 이루어질 수 있습니다. 행렬은 목적지가 있는 경우도 있고, 행렬 그 자체가 목적이 될 수도 있습니다.

회랑은 지붕은 있으나 벽이 트여 있는, 실내와 옥외의 중간 환경으로 매력적인 공간 연출을 할 수 있습니다. 뜨거운 햇볕과 비를 막아주고, 황량한 분위기를 차분하게 해줍니다. 그러면서도 양쪽으로 벽이 없기 때문에 상당한 개방감도 느낄 수 있습니다.

회랑으로 둘러싸인 부분은 특별한 느낌을 줍니다. 지붕과 지지하는 기둥만으로도 정갈하게 구획된 특별한 공간이 생깁니다. 이 공간을 중정이라 해도 좋고 마당이라 해도 좋습니다. 건축의 목적에 걸맞는 기능을 부여받게 되는데, 특별히 종교건축에서는 성소(聖所)의 진입 마당으로서 성과 속의 구분 공간, 미사나 기도를 준비하는 공간 등 매개공간으로 중요한 역할을 합니다.

회랑은 여러 건물의 동선을 전천후로 이어줍니다. 그러면서 회랑에 연결된 부분의 간단한 조정으로 각 건물 간의 중요성이나 위계를 정리해줄 수 있습니다. 높이 차이, 정면성, 회랑과 만나는 부분의 시각적 조절 등으로 이런 차이나 구별을 보여줄 수 있습니다. 또한 마스터플랜 상 아직 건물을 짓지 못한 빈자리도 회랑으로 보완함으로써 늘 완성된 모습의 한 부분으로 기능하여 정리된 느낌을 줍니다.

현실적 이점으로는, 기능에 비해 비용이 적게 든다는 것입니다. 단열, 마감, 설비 같은 시설에 드는 비용을 고려하지 않아도 되기 때문입니다. 비용 대비 효과가 아주 좋습니다. 이렇게 큰 비용이 들지 않는데다 기술적으로도 별로 어렵지 않은 장치임에도 고급스러운 공간을 연출할 수 있다는 것이 바로 회랑이 가진 큰 매력입니다.

회랑은 목재로 만들었습니다. 비용이 저렴하고 자연친화적이기 때문입니다. 그러나 단점도 있습니다. 나무는 기후와 외부 충격에 약한 재료입니다. 물론 그런 것들을 다 잘 견디는 아주 튼튼한 목재도 있습니다. 다만 재료를 선택할 때, 가장 좋은 재료를 비용 걱정하지 않고 쓸 것인가, 저렴한 재료를 사용하되 훼손에 따른 유지 보수를 염두에 두고 선택할 것인가, 하는 서로의 장단점을 고려해서 결정합니다.

• 좌 : 회랑과 안마당

영월 상동공소
다시 세우기

3

• 상동공소, 2023. 8. 6. 준공 봉헌

불타버린 상동공소

2021년 1월 1일. 천주의 성모 마리아 대축일. 영월 상동 공소가 누전으로 인한 화재로 전소되었습니다. 60년 넘는 역사를 간직해온 성전이 불과 몇 시간 만에 모두 불타서 무너져 내렸습니다. 퀀셋(Quonset) 건물 특성상 얇은 철판으로 된 지붕은 열기를 버티지 못하고 오그라들었고, 성전 앞뒤 반원 모양의 벽돌 벽만 덩그러니 남았습니다.

• 화재가 난 상동공소

불이 꺼지고 열기가 식는 모습을 지켜보던 신자들의 마음이 어땠을까요? 접근이 가능해지기 무섭게 상동공소의 모 본당인 황지성당 주임 김기성 요한 보스코 신부님은 사다리를 타고 감실부터 들여다보았습니다. 화마의 맹렬한 기세로 감실 한쪽 문짝이 녹아서 떨어져 나가고, 안에 넣었던 황동 성합은 열기로 색이 바랬습니다.

떨리는 손으로 성합을 열어보니 성체는 숯으로 변해 있었습니다. 김 신부님은 망연자실하여 머릿속이 하얘지고 심장이 멎는 것 같았다 합니다. 이를 지켜보던 신자들도 눈물을 흘리며 고개를 들지 못했습니다. 김 신부님은 그때 토해내지 못한 울음이 가슴에 돌멩이처럼 박혔다고 합니다.

상동에서 생산한 텅스텐은 한국전쟁 후 우리나라 수출액의 절반 이상을 차지했다고 합니다. 그래서 당시 인구가 4만 명이 넘었고, 상동성당은 그 활기찬 생활 공동체에 자리 잡은 큰 성당이었습니다.

상동성당은 미군 막사를 짓는 퀀셋 구조로, 1959년에 처음 건립 후 화재가 일어나서 전소되기 전까지 사용되었습니다. 전후 물자가 부족하던 시절 미군의 지원으로 성전을 건립했던 것으로 생각됩니다. 상동성당은 우리나라에 거의 마지막으로 남아 있던 퀀셋 건물이었습니다.

1992년부터 텅스텐의 채산성이 떨어지면서 채굴 사업은 막을

내리고 인구는 계속 줄어들었습니다. 상동읍의 인구는 1천 명
내외가 되었고, 천주교 신자는 15명에 불과합니다. 이렇게 상동
성당이 황지성당보다 먼저 설립되었지만 지금은 황지성당 소속
상동공소가 되었습니다.

광산촌의 사도 이영섭 신부

이영섭 프란치스코 하비에르 신부님(1924~
2002)은 1940년 소신학교에 입학하여 1952년 사제서품을 받았습니다. 한국전쟁 직후 상동에 본당을 설립하고, 이곳을 근거지로 탄광지대인 영월군, 정선군, 삼척군에 성당과 공소를 늘려 나갔습니다.

신부님은 신자는 있었지만 성당이 없던 탄광 지역에 들어와서 복음을 전하며 성당을 지어나갔습니다. 1959년 상동에 들어와 상동성당을 지어 초대 주임신부를 맡았습니다. 1960년에는 상동에서 태백 장성까지 묵주 하나만 들고 험한 고개를 수십 번 넘고 멀고먼 길을 걸어 다니며 장성성당을 지었고, 1966년에는 황지성당을 지었습니다.

• 좌 : 이영섭 프란치스코 하비에르 신부 / 우: 동상

고리대금으로 고통 받던 주민들을 위해 신용협동조합을 세웠고, 지역 부랑자들의 계도를 위해 노동청년회(JOC)를 조직해서 운영했습니다. 이러한 열정으로 광산촌에 서서히 신앙을 심어 뿌리를 내렸기에 '광산촌의 사도'라 부릅니다.

지붕없는 성전,
기도의 벽

성전이 모두 불타버리고 종탑과 반원 모양의 앞뒤 벽체만 남았습니다. 퀀셋 건물은 앞면과 뒷면을 반월형으로 벽을 쌓고 그 앞뒤 벽 사이를 지붕과 벽의 구분 없이 곡면으로 일체화해서 덮는 방식으로 만든 건축물입니다. 퀀셋 구조는 주로 전시에 군용막사로 이용하는 구조물로 가볍고 운반하기 쉽습니다. 그리고 필요할 때 짓고 허무는 것도 쉽습니다. 그렇지만 얇은 철판으로 되어 있어서 불이 나면 뼈대는 녹아 오그라들고 지붕 판은 무너져 내립니다. 아무것도 남는 게 없습니다.

상동공소의 성전은 125평으로, 신자 500명이 함께 미사를 드릴 수 있는 작지 않은 규모입니다. 화재로 잃어버린 성전을 복구하는 일은 지극히 당연한 일이지만 신자가 많이 감소한 지금 상황에서 예전 그대로 복구하는 것이 타당한지를 고민해야 했습

• 화재 후 잔존 벽의 구조보강 모습

니다. 결국 성전은 사제관 일부를 리모델링해서 20석 정도의 경
당으로 대체하고, 불타 없어진 성당은 기도 장소로 조성해서 다
시 생명을 불어넣는 작업에 착수했습니다.

어디에 초점을 두어야 할지 많은 계획과 논의가 있었습니다.
그렇게 해서 내린 결론은 다음과 같은 것이었습니다. 첫째, 처음
지었을 때의 모습을 복원한다. 둘째, 불에 탄 모습도 보존한다.
셋째, 상동성당의 건립 주역인 이영섭 신부님을 기념한다. 넷째,
현지 신자들과 이곳을 찾을 순례객에게 전해줄 메시지를 남긴
다. 이 결론이 그대로 재건 계획이 되었습니다.

성당의 앞 벽과 종탑은 1959년 건립 당시 모습으로 복원해서

• 존치시킨 불에 탄 성당 뒷벽

역사의 시작을 기억하도록 하였습니다. 그리고 성당 뒷벽 역시 불에 탄 흔적을 그대로 보존해서 화재의 역사 역시 아픈 그대로 기억하고자 하였습니다. 사실 불에 타고도 살아남은 앞뒤 벽은 화재 당시의 열기로 인해 구조적인 기능을 상실했기 때문에 철골 뼈대를 덧대어 지탱하도록 해야 했습니다.

재건 과정에서 성전 흔적을 중심으로 역사를 기억할 수 있는 단서를 보전하는 데 우선순위를 두었습니다. 성전 뒷벽에는 화재로 인해 오히려 건립 초기의 모습이 드러났습니다. 당시에는 뒷부분을 제단부로 사용했다는 사실을 확인할 수 있었습니다. 이런 과거의 기억을 모두 정리해서 지붕 없는 성전으로 새롭게 조성하였습니다. 화재 직전에 제단으로 사용했던 반대쪽에 있던 불에 탄 감실은 이전 그대로 다시 설치하였습니다. 제단에 십자고상과 피에타상, 전례용 촛대를 화재 흔적을 없애지 않은 채 설치하였습니다.

십자가의 길은 앞마당에서 시작하여 성전을 에워싸며 전개되어 야외성전이 된 최초 성전 제단에 새롭게 설치된 제대를 제14처로 하여 마무리됩니다. 성미술 작업은 샬트르 성 바오로 수녀회의 최복순 안젤라 수녀님이 담당하였습니다. 불에 탄 성물과 건물의 여러 부분을 활용해서 야외성전의 십자가와 감실, 전례 촛대로 부활시켰습니다.

사제관이 있던 아래층은 세 구획으로 나누어 재구성하였습니다. 왼쪽에 경당, 오른쪽에는 사무실을 만들었고, 가운데 쪽은 전시장으로 만들어 이영섭 신부님과 지난했던 상동성당의 발자취를 기억할 수 있도록 하였습니다.

경당은 20석 규모로, 공소 신자들이 미사와 공소 예식을 지낼 수 있게 하였고, 순례객도 묵상할 수 있는 공간으로 조성하였습니다. 경당과 전시실 사이의 벽은 이동식으로 만들어서 벽 속으로 접혀 들어가게 하였습니다. 큰 규모의 순례객이 방문하면 벽을 접어서 큰 공간으로 확장해서 이용할 수 있게 한 것입니다.

• 우 : 복원 및 리모델링한 상동공소

• 경당

• 기념관

전시실에는 청빈의 삶을 실천했기에 남은 것이 거의 없는 이영섭 신부님의 유품과 기록물, 그리고 화재 현장에서 수습한 성전의 성물과 기물을 전시하였습니다.

이제 이렇게 상동공소는 불타 없어진 성전의 흔적과 보전하여 승화시킨 기도의 장소 등 모든 곳이 여러 주제의 '기도와 기억과 기념'의 장소입니다. 성찰과 기도-뜻과 소명-복원과 희망을 주제로 하늘을 지붕으로, 산을 벽 삼아 기도할 수 있는 "지붕 없는 성전, 기도의 벽"으로 거듭나게되었습니다.

처음 지었을 때의 성전 모습, 그 성전이 이 땅에 있게 하는 데 땀흘려 수고한 이영섭 신부님, 어려운 시대에 등불의 역할을 한 상동 성당, 그런 성당이 불에 타 없어진 아픔, 다시 일어서려는 남은 이들의 마음, 이 모든 것이 사라지지 않도록 보전하고 이어져서 이곳을 찾는 순례자들의 마음에도 전해지기를 바랍니다.

동검도 채플 갤러리의 메시지

4

• 동검도 채플,
2022년 4월 준공, 봉헌

영혼의 숨터

현대인의 삶은 조용할 날이 없습니다. 많은 것이 주변에서 빠르게 움직입니다. 넘치는 정보와 복잡한 관계로 정신이 혼미해집니다. 이런 세상에서 잘 살 수 있는 길 중의 하나는 '비켜감'이 아닐까 생각합니다.

자연은 힘이 세고 변함이 없습니다. 웬만한 정신적인 어려움은 홀로 자연을 대하면 충분히 치유할 수 있다고 합니다. 번잡하고 시끄러운 환경에서 잠시라도 떨어져 홀로 자신을 들여다보면서 하느님을 만나는 시간을 가져보면 어떨까요? 주변 방해물을 피해 이리저리 신경 쓸 일은 잠시 옆으로 밀어놓고 비켜서서 오로지 자신만을 돌아보는 여유가 필요하지 않을까요?

동검도 채플 갤러리에서라면 그런 일이 충분히 가능할 것 같습니다. 강화도 남단에 달려 있는 한 점 마침표 같은 작은 섬 동검도. 하늘과 바다와 갯벌과 땅이 만나는 곳. 민족의 영산인 마니산을 바라보는 곳에 6평 작은 경당 하나, 나를 들여다보고 자연 안에서 하느님을 만날 수 있는 집, '영혼의 숨터'입니다.

영성잡지 『들숨날숨』의 편집인이자 인천 가톨릭대학교 조형예술대학의 전임 학장으로 그리스도교적 생명문화운동인 리부스(Rivus) 영성문화운동 등을 통해 하느님의 사랑을 실천하는 화가 사제 조광호 신부님께서 마련한 위로와 명상의 집입니다.

• 갯벌 쪽 조감

　젊었던 유학 시절, 알프스의 작은 채플에서 받았던 위로를 평생 마음에 지니며 잠시 명상하고, 기도할 수 있는 공간의 필요성을 늘 염두에 두고 있었다고 합니다. 가톨릭 신자가 아니어도, 다른 신을 믿더라도 누구든 이곳에 머물며 위안을 얻을 수 있다며 '영혼을 위한 숨터'라고 했습니다. "영성과 문화는 함께 어우러져야 합니다. 사람의 정신을 담아낸 것이 예술 문화입니다"라고도 했습니다.

　6평 작은 채플에 들어서면 전면 유리를 통하여 멀리 마니산이 눈에 들어옵니다. "단 1분만이라도 명상에 잠겨보세요"라며 자신의 소리에 귀 기울이기를 권하는 작은 안내판도 있습니다. 시끄럽고 부산한 주변을 잠시 잊고 자신에 잠심해보라는, 그래서 스스로 평화의 실마리를 찾아보라는 따끔한 일침이 아닐까 생각합니다.

갤러리 채플, 채플 갤러리

여기에는 두 채의 집이 있습니다. 채플과 갤러리입니다. 갤러리와 함께 있는 채플이어서 '갤러리 채플', 채플과 같이 있는 갤러리여서 '채플 갤러리'입니다.

입구에는, 갤러리 관람에 앞서 채플에서 명상의 시간을 갖도록 권유하는 안내 글이 있습니다. 채플과 갤러리는 서로 뗄 수 없는 관계이지만 그래도 채플에서 명상을 더 우선시한다는 의도를 엿볼 수 있습니다.

1층은 리셉션 및 상설전시장으로 조 신부님의 다양한 작품을 전시하고 있으며, 때때로 다른 작가들의 전시회가 열리기도 합니다. 2층에는 색유리화 갤러리 겸 프로그램 공간이 자리합니다. 여기에서 매 주일 미사를 거행합니다. 3층은 사무실, 접견실, 손님방 및 숙소 등 운영 관련 시설로 구성되어 있습니다.

6평 크기의 채플은 작은 공간이지만 색유리화로 가득한 '빛의 집'입니다. 이 집은 '명상의 집'이고 '기도의 집'입니다. 하늘과 바다, 갯벌을 배경으로 마니산을 바라보는 전면창이 있고, 벽과 지붕에 뚫린 틈은 색유리로 채워 시간의 흐름에 따라 움직이는 색 그림자가 바닥과 벽을 오묘한 빛으로 물들입니다.

이곳에서는 건축 자체로 의미를 연출할 필요가 전혀 없었습니다. 마니산과 바다, 갯벌 같은 너무나 훌륭한 차경(借景)의 대상

• 갤러리 전경

들이 있었습니다. 이를 배경으로 메시지를 전달하는 색유리화
가 주인공입니다. 갤러리는 색유리화를 위한 배경 역할을 합니
다. 색유리화의 의도를 꾸밈없이 전달할 수 있도록 건물은 가급
적 눈에 띄지 않는 구조와 색인 흰색과 회색 계열의 무채색을 기
본으로 하였습니다.

• 2층 전시홀

• 미사 전경

• 바다 뷰 전시

　갤러리는 색유리화 전시를 위해 가능한 한 모두 벽을 유리창
으로 제작하였습니다. 보통 갤러리는 그림 보호를 위해 자연광
을 차단시킵니다. 그렇지만 빛을 통해 작품이 완성되는 색유리
화를 전시하는 갤러리는 자연의 빛이 최대한으로 들어오도록
하여야 합니다.

• 채플

사방에 뚫린 큰 창을 통해 전달되는 강화도 남단의 풍광을 배경으로, 중첩된 색유리화가 새로운 풍경을 만들어냅니다. 건축은 이 모든 것을 담아내고 전달하기에도 벅찹니다. 건축은 단지 그릇이고 배경이어야 했습니다.

건물 외관은 거푸집을 떼어낸 콘크리트의 거친 면을 있는 그대로 유지하였습니다. 일체의 추가 작업을 배제하고, 거친 질감을 드러내도록 한 것입니다. 이는 건축 작업 과정의 중간 결과물이 기능적으로 만족스럽다면 굳이 추가적인 가공이나 비용을 들이지 않고 있는 그대로 보여주겠다는 의도입니다. 미니멀리즘(minimalism) 또는 브루탈리즘(brutalism)적인 의미입니다.

전시 공간은 최대한 자유롭게 구성하였습니다. 시야가 사방으로 열려 있도록 대지에서 구성할 수 있는 공간을 최대한으로 만들어주었고, 계단과 엘리베이터, 화장실 등의 기능 공간을 한 곳으로 몰아 시각적으로 덜 중요한 곳에 배치하였습니다. 강화도를 건너서 강화도를 바라보며, 또 마니산을 향해 건물의 창들이 열려 있도록 한 것입니다.

사회가 정치 경제적으로 발전하면서 각 개인의 성향이나 개성도 점차 다양해지고 있습니다. 개인의 존중은 말할 것도 없고, 서로 다른 취향이나 선호에 대한 존중도 현대 사회를 살아가는 중요한 덕목 중 하나가 되었습니다. 이전처럼 여럿이 어울려서 몰려다니기보다는 개인 혹은 가족, 소수의 인원이 함께하는 경

향이 짙어졌습니다. 개인적으로는 신앙 안에서 참된 자신을 찾으려 노력하면서 하느님의 현존을 느끼고 체험하고자 하는 것 같습니다. 강화도 남쪽 건너편의 동검도 채플 갤러리는 그런 흐름 위에 서 있습니다.

강화도의 원초적 모습과 그것을 닮으려는 건축, 그리고 그 위로 겹쳐진 유리화의 빛과 형태로 마음의 상처를 치유하고자 합니다. 복잡하고 바쁜 세상에서 마음의 상처를 입고, 소외감을 느끼는 사람들에게 채플 갤러리는 하느님이 마련하신 소중한 안식처가 될 것입니다. 그리하여 언제까지나 그 자리를 지키며 본연의 역할을 묵묵히 해줄 것으로 기대합니다.

• 좌 : 마니산을 향한 채플 / 하 : 갯벌과 마주보는 채플 갤러리

교회건축 단상

우리 땅에서 집을 짓는 일은 쉽지 않습니다. 우리 국토는 70퍼센트가 산지이기 때문입니다. 온 땅이 굴곡지고 주름진 산이라는 이야기입니다. 평야 지대도 30퍼센트 정도 있지만 예로부터 먹고살기 위해 농지로 사용하는 게 우선이었습니다. 길을 내고 집을 지으려면 땅을 다듬어야 합니다. 높은 땅은 깎고 낮은 골은 메워야 합니다. 손이 많이 가고 다루기가 힘듭니다. 평평하고 경사가 완만한 땅이라면 그냥 가는 데가 길이 되고, 아무데나 집터가 되니 어려울 것이 없을 텐데 말입니다.

그러나 이 때문에 얻는 득도 조금 있습니다. 평야지대에는 길내고 집짓기가 쉽고 다니기 편한 반면에 그만큼 단순하고 심심

합니다. 이에 비하여 우리 땅은 경사지고 높낮이의 차이가 있기 때문에 앉히는 집과 마당, 길의 배치가 입체적으로 이루어집니다. 평지에 배치하는 것보다 훨씬 입체적일 뿐더러 여러 가능성과 다양성을 제공합니다. 또 위계와 차이를 의도할 수 있습니다. 마을이 입체적이고 드라마틱합니다.

이런 땅에 살아오며 우리 민족은 땅에 적응하는 지혜를 얻습니다. 땅이라는 것이 결코 만만치 않다는 체험입니다. 그래서인지 우리 문화는 자연을 가공하기보다는 자연에 스며들려는 경향이 짙습니다. 집을 앉힐 때 땅을 이리저리 잘 살펴봅니다. 어느 곳을 향하고 무엇이 보이는지, 가장 높은 곳에 있어야 할 것과 낮은 곳에 있을 것, 앞에 나설 것과 뒤로 빠져줄 것, 한가운데와 가장자리에 배치할 것 등 서로의 관계와 우선순위를 숙고하게 합니다.

오랫동안 성당과 수도원 설계를 했습니다. 처음에는 손가락으로 꼽다가 이제는 꼽을 개수를 넘을 만큼 일을 하게 되었습니다. 그중에는 스스로가 놀라고 감탄할 정도로 마음에 드는 작품이 있는 반면, 그냥 통째로 없애버리고 싶은 그야말로 부끄럽기 짝이 없는 것도 있습니다. 그래서 건축 속담 중에 "건축 작업은 집에서 먼 것을 하라"는 말이 있나봅니다. 눈에 보이지 않으면 좀 낫겠다 싶은 것이지요.

성당이나 수도원 건축은 일반 건축과는 조금 다릅니다. 조금

달라야 한다고 저는 생각합니다. 일반 건축에서 우선시하는 것은 경제성이나 효율성, 손익, 멋있음 등 주로 세속적인 요건들입니다. 그러나 교회 건축은 신앙 활동을 담는 그릇이기 때문에, 세상에 존재하지만 세속적 요건을 우선시하여서는 안 될 것입니다. 신앙 활동은 복음에 기반을 두기 때문에 무엇보다 하느님을 사랑하고 이웃을 사랑해야 합니다. 나를 우선하는 게 아닙니다. 또한 세속적인 유행이나 인기를 따르는 것이 아니라 하느님과 인간의 관계, 본질적인 깊은 이야기가 중심이 됩니다. 절대자 조물주 하느님을 모시기에 세상에서 가장 값지고 좋은 것으로 꾸며야 한다고 생각하지만, 가진 것 반을 내어주어 헐벗고 굶주린 이웃을 도우라는 가르침 또한 중요합니다. 두 가지 모두를 실현하면 좋겠지만 현실적인 여건이 허락하지 않습니다. 그래서 성전을 만들 때 가난한 이웃도 생각해야 합니다.

수도원은 또 어떻습니까? 수도자의 덕목은 정결, 청빈, 순명입니다. 가난하게 살아야 합니다. 그런데 집을 가난하게 지으면 두고두고 비용이 들어갑니다. 더 많이 들어갑니다. 수리할 일이 많아지고 난방비가 많이 늘어나는 데 비해 따뜻하지 않습니다. 반면, 오래오래 써야 하니 온갖 설비를 다 갖춰놓으면 살아가면서 돈들 일이 그리 많지 않습니다. 지을 때 많이 들어가는 겁니다. 비용만 보면 '호화로움'이라는 범주에 들어갈 것입니다. 이런 딜레마에서 판단과 결정을 올바르게 해야 하는 것입니다. 참

어려운 일입니다.

하느님은 저를 도구로 쓰시려고 미리 준비하게 하셨던 것 같습니다. 지금 보니 그렇습니다. 딸 수정이가 초등학생일 때의 일입니다. 학교에서 방학 숙제를 학생에게 각자 정하도록 하였는데 '고적 답사'로 제출했다고 합니다. 당시 저는 회사에서 실무 책임자로서 정신없이 바빴습니다. 거의 매일 야근을 했을 뿐 아니라 휴일에도 출근하기 일쑤였고 휴가는 꿈도 꾸지 못하는 상황이었습니다. 아이들한테는 미안했지만 방학 때 어디를 함께 가기는커녕 휴가조차 내기도 어려웠습니다. 그런 상황에서 딸이 그런 숙제를 해야 한다고 해서 참으로 당혹스러웠습니다.

그렇지만 어쩌면 딸의 숙제가 어떤 동기가 될지 모른다는 생각이 들었습니다. 어렵게 휴가를 내어서 가족과 함께 '우리 가족 남도답사'를 성공적으로 다녀오고, 딸 아이는 숙제 보고서를 멋지게 만들어서 제출하였습니다. 그때부터 우리 가족은 여름과 겨울 방학 때마다 전국의 고적을 찾아다니기 시작했습니다. 저에게는 우리 선조들의 건축에 대한 생각을 엿볼 수 있는 좋은 기회가 되었습니다. 전국 방방곡곡에 있는 궁궐과 절과 서원과 민가를 찾아다녔습니다. 그러다 해외로도 눈길을 돌려 서양건축사에 등장하는 건축물들을 직접 찾아가 보기도 하였습니다.

성당과 수도원 설계를 의뢰받아 구상하고 구체화하면서 답안으로 떠오른 것들은, 아이들과 함께 다녔던 고적답사와 해외 건

축 여행에서 얻은 모티브에서 나온 것이 적지 않았습니다. 그때
보고 느꼈던 것들이 머릿속에서 가슴 속에서 무르익고 숙성되
어서 나왔던 것 같습니다.

설계에 임할 때에는 골똘하게 집중하면서 다각도로 검토한
후에 수많은 시나리오를 입혀봅니다. 최종적으로 내가 할 수 있
는 만큼은 다 했다고 생각하면 해답을 정리하여 설계를 끝냅니
다. 시공 단계에 들어가 감리 역할을 하면서 빠뜨리고 놓친 것이
보이면 바로잡기도 합니다. 그렇게 했는데도 불구하고 완성한
후에는 늘 부족함을 발견합니다. 어떤 때에는 생각지도 못한 훌
륭한 개념이나 아이디어가 떠오르기도 합니다. 또 완성 후 한참
을 사용하다가 나타나기도 합니다. 꿈보다 해몽인지, 다른 사람
의 눈에 더 잘 보이기도 합니다. 그러니 제 건축이 어찌 저만의
힘이나 제 능력의 산물이라고 할 수 있을까요? 우리가 짓는 하
느님의 집에 하느님이 꼭 계시지 않더라도 하느님께서 원하시
는 집이면 어떤 방법으로든 개입하시고 슬쩍 손을 대시는 게 아
닐까 하는 생각이 들었습니다. 그런 식으로 하느님께서는 우리
를 도구로 사용하시는 것 같습니다. 그렇다면 너무나 감사한 일
이 아닐는지요.

건축 작업은 정말 방대합니다. 건축가는 음악 분야로 본다면
지휘자에 해당합니다. 토목, 구조, 설비, 전기, 통신, 소방, 조경,
컴퓨터그래픽 등 많은 분야의 고수들이 가진 뛰어난 능력을 이

끌어내고 한데 묶어서 집이라는 결과물을 만들어냅니다. 그들의 헌신과 협력으로 집이 만들어지고, 우리는 그런 집에서 살아갑니다. 뒤에서 온갖 어려움과 수고를 마다하지 않고 도와주신 협력사 여러분께 부족하나마 이 지면을 통해 진심으로 감사의 마음을 전합니다. 그리고 부족한 저를 도와 설계 및 감리, 시공 작업을 함께해준 동우건축과 그림건축의 동료·선후배 여러분께도 진심으로 감사드립니다. 또한 저의 부족한 작업을 화룡점정으로 더없이 훌륭하게 마무리해주신 성미술 작가 선생님들께도 마음 깊이 감사드립니다. 무엇보다 저를 믿고 일을 맡겨주신 건축주 여러분께 깊은 감사의 마음을 전합니다. 크고 작은 집들을 구상하고 하나하나 지어나가는 과정에서 도움을 주신 모든 분들께 감사 말씀을 드립니다. 어느 한 부분이 빠지거나 없었다면 이제까지 만들었던 집들은 결코 완성이라는 결말에 이르지 못했을 것입니다. 정말 수고 많으셨습니다. 감사합니다.

마지막으로 보잘 것 없는 저의 작업을 책으로 엮어 많은 이들에게 소개할 기회를 주신 한국가톨릭문화연구원 김민수 이냐시오 신부님과 오랜 친구인 김영수 스테파노 부원장님께 감사의 말씀을 전합니다.

하느님 감사합니다. 하느님 찬미합니다.

세상 속의 아버지 집 건축물 목록

272

사진 저작권 표시

이 책에 수록된 사진의 저작권은 다음과 같습니다.

* 위에서 밝힌 저작권 외 모든 사진의 저작권은 그림건축에게 있습니다.

지은이

임근배 야고보

연세대학교에서 건축을 공부했다. 극동건설에 근무하는 동안 해외공사
실무를 담당했고, 귀국 후에는 동우건축에서 설계를 시작하였다.
이후 그림건축을 설립하여 지금까지 건축설계 작업을 하고 있다.
주요 설계작으로 제물진두 순교기념경당, 이벽성지, 명예묵성지를
비롯한 성지 건축과 샬트르 성 바오로 수녀회 여주분원, 아우구스띠노회
연천분원 같은 수도원, 장한평성당, 청호동성당 등이 있다.
한국천주교 주교회의 주최 제24회 가톨릭미술상 건축본상을
수상하였다. 2006년 이래로 건축 세미나 '땅과 집과 사람의 향기'를
매월 주최하고 있다. 지은 책으로 『여주수녀원』이 있다.